関 正生の

TOEIC® L&R テスト
語彙問題
神速100問

関 正生 著

the japan times 出版

⊙ はじめに

趣味で格闘技を習っているのですが、優れた指導者のアドバイスに驚かされることがよくあります。たとえば強く華麗なキックを習得するとき、蹴り足自体を直すのではなく、(蹴らないほうの)軸足だったり、ときには肩の動きを矯正されたりします。そのアドバイスによってキックが見違えることがあるのです。

そのたびに私が感じるのは「TOEIC テストの問題みたいだな」ということです。「文法書を読んでも問題が解けない」「たくさんの問題を解いているのにスコアが上がらない」と悩む受験者をたくさん見てきましたが、「そこじゃなくて、こっちを直せばすぐできるんですよ」とアドバイスすることが多々あるからです。

これは特に 600 〜 800 点を取得している人に顕著なことで、「TOEIC を少し知っている」という思いがかえって足を引っ張ることがあるのです。こういうときほど「本当のプロフェッショナルの指導」が効果を発揮するのは、格闘技も英語も同じなんです。

私はオンラインサービス『スタディサプリ』の TOEIC 講座を担当することで、おそらく日本で一番たくさんの TOEIC 受験者を指導している講師だと思います。

どこでどうミスをするのか、その人のスコアはどれくらいなのか、どんな選択肢にひっかかるのか、といったことを文字通り「万単位」のデータで見てきた私にしかできない指導のエッセンスをこの本に詰め込みました。

この本は誰でも(初心者〜950 点の人でも)得るものが多いと自負していますが、特に想定した読者像は以下の通りです。現状 450 〜 700 点くらいの人が多く当てはまる状況かと思います。

ケース① 基本単語は知っているが、まだまだ単語が不安
ケース② 単語帳では「緊張感がない・単語力増強の実感がない」
ケース③ 丸暗記するより、理屈で教わったほうが覚えやすい

こういった方々に、今までは「よく出るから覚えよう」とだけ言われた語彙問題をきっちりと「解説」していきたいと思います。

⊙ 目次　Contents

カバー・本文デザイン　㈱ アンパサンド

組版　　　　　　　　　朝日メディアインターナショナル㈱

問題作成　　　　　　　Daniel Warriner

ナレーション　　　　　Peter von Gomm、Karen Haedrich

音声収録・編集　　　　ELEC 録音スタジオ

Chapter 0

1. 語彙問題を「解説」する

TOEICテストの対策本で、文法に絞った本や単語帳はたくさんありますが、「Part 5形式で語彙問題だけ」を扱ったものは少ないので、その意図を少し説明してみます。

そもそも英語教育の世界では「単語は自分でやるもの」という暗黙の了解があります。もちろん最後は自分でやらないといけないわけですが、だからといって指導者が「頑張ろう・暗記も必要だ・単語力は英語の基本」と言うだけではプロフェッショナルの仕事とは言えないと思っています。また、ただ「TOEICでよく出る」と言うだけでも芸がありません。

自力でやるよりも効率の良い覚え方を伝えたり、自力では気づかないことを教えたりすることこそが英語講師の仕事だと考えます。本書では「語彙問題も"解説する"」という姿勢で、「覚えるための工夫」や「英単語のエッセンス」を語っていきます。

2. なぜ「Part 5形式」で語彙対策をするのか?

普通の語彙対策は単語帳をやったり、たくさんの長文を読む中で覚えたりするのですが、本書はPart 5形式で「語彙」対策をしています。その理由は以下の通りです。

⇒「Part 5の語彙問題」だけを集中特訓できる

Part 5の問題には文法問題がたくさん混ざるので、**語彙問題だけを集中して解く貴重な機会**となります。

⇒「スコア直結の単語」を集中的に覚えられる

本書の問題は、Part 5の予想問題でもあるわけですから、当然スコアに直結します。

⤳ 緊張感があるから、記憶に残る

実戦形式のほうが、緊張感を持って取り組めますよね。**集中する分だけ脳への吸収効率も段違いでしょう。**また、問題でミスをした経験によって、より印象に残りやすくなります。

⤳ Part 5 形式は総合力が問われる

単語を覚えても、語彙問題で間違える人はたくさんいます。選択肢に並んでいる単語自体は簡単にもかかわらず、実は「周辺の単語」に惑わされたり、「文構造の把握」ができずに混乱したり、ということがあるのです。よく「文脈をつかもう」とは言われますが、そもそも英文の構造を把握して意味を正確に取らないことには、文脈はわかりませんよね。だからこそ Part 5 形式の問題でトレーニングしておかないといけないわけです。これに関しては論より証拠ということで、1 題トライしてみましょう。

サンプル問題

Mr. Becker found assembling the kitchen cabinets
------- difficult without the proper tools.

(A) numerously
(B) extremely
(C) carelessly
(D) importantly

いかがだったでしょうか？ 従来の対策本だと、この問題は「選択肢には -ly で終わる副詞が並ぶので、語彙問題であり、文脈から正解は…」といった解説がなされ、あとは他の選択肢や本文の語句が羅列されて終わり、というのがほとんどでしょう。

しかし「文脈」にたどり着く前に、英文の構造把握が必要なのです。 この英文のポイントは知覚動詞 find です。主語の Mr. Becker の後にくる動詞 found を見た瞬間に、find OC「O が C だとわかる」の形を予想しないといけません（知覚動詞など SVOC をとる動詞は最優先に考えるのが英語での鉄則だからです）。

すると、直後の名詞のカタマリ（動名詞）である assembling the kitchen cabinets が O で、------- difficult が C だと考えることができるのです。空所には直後の difficult を修飾する語が入るとわかります。あらかじめ「SVOC がくるのでは？」としっかり意識しておかないと、この構造を把握することは難しいものです。

そして、ここで初めて「difficult を修飾する適切な副詞」という視点で選択肢を見るのです。そこまでいけば、(B) extremely「きわめて」を選ぶことはさほど難しいことではないでしょう。「assembling the kitchen cabinets が、extremely difficult だとわかった」となり、「食器棚を組み立てることがきわめて難しいとわかった」という意味になります。

この構造を把握しないと英文が何を言いたいのかわからず、「なんとなく、食器棚を組み立てるときに不注意があって」のように思い込んで、(C) carelessly「うっかり」を選んでしまったりする人は少なくありません。extremely 自体を知っていてもミスする場合もあるのです。

もちろん、「extremely の意味を知らなかった」という人もいるでしょうから、そこで初めて「語彙力不足」という弱点を認識すればいいのです。

extremely は ex「外」に注目して、「普通の状態の外にある」→「極

端に・きわめて」と考えるとよいでしょう。「強調」を表す単語で、very を堅くしたイメージで捉えても OK です。

ちなみに形容詞は extreme「極端な・過激な」で、日本語でも「エクストリームスポーツ」＝「過激な要素を持ったスポーツ」と使われています。

すべての問題が、今回のように構造上でのポイントがあるわけではありませんが、普段から英文の構造を把握することが大事であり、その力はそのまま Part 7 対策につながるので、本書の解説ではすべて構造に触れることにしています。そのうえで、一番大事な語彙の解説をしていきます。

選択肢 Check

(A) numerously「数多く」
numerous は number と語源が一緒で、そこから「数がたくさん・数多くの」となりました。その副詞形が numerously「数多く」です。
(B) extremely「きわめて」
(C) carelessly「うっかり」
careful「注意深い」の反対が、careless「注意（care）が少ない（less）」→「不注意な」です。日本語でも「ケアレスミス」＝「不注意なミス」と使われていますね。その副詞形が carelessly「不注意にも・うっかり」です。
(D) importantly「重要なことに」
important「重要な」の副詞形です。

□ **assemble** 組み立てる／□ **cabinet** 棚／□ **proper** 適切な・正しい／□ **tool** 道具

Becker さんは、適切な道具を使わずに食器棚を組み立てることがきわめて難しいことがわかりました。　　正解 **B**

3. Part 5 の特徴

この本は TOEIC テストの Part 5 の形式で、Part 5 対策はもちろん、TOEIC 全パートに通じる語彙の力を養成するのが目的です。ここでは Part 5 についての話をしていきますが、形式的なことに終始するのは意味がないので、ところどころ私なりの分析も加えていきます。

⇒ 形式

空所補充の4択問題が30問出ます。本番では、1問あたり15 ～ 20秒（全30問を7分30秒～ 10分）で解ければ理想です。あくまで本番での話なので、この本では焦らずじっくり解いても構いません。「力試し」ではなく、「実力養成」がこの本の目的だからです。確固たる実力がつけば、迷わず正答を選べるので必ず時間が短縮されます。

⇒ 出題内容

以下の3種類があり、大体3分の1ずつ（10問ずつ）出ます。

①品詞問題：品詞の知識を問う問題（単語を見たときに品詞判別できる力も問われます）

②文法問題：文法の勉強で出てくる「時制・不定詞・関係代名詞など」の知識を問う問題

③語彙問題：語彙力・単語力を問う問題

⇒ この本の対象範囲

出題される3種類のうち、この本では、③語彙問題を中心に扱います。語彙問題は文法と一緒に学ぶと、どうしても勉強自体が散漫なものになるので、語彙を中心に集めて、一気に対策できるのがこの本の強みです。

また、②文法問題は含んでいませんが、その問題で重要な文法事項がポイントになるときは触れていきます。さらに①品詞問題も多少含まれます。あくまで語彙として大事な問題を選別しましたが、語彙と品詞は切り離せない面もあるからです。仮に品詞の視点で解けてしまっても、重要な語彙をきっちり解説していくので、正解した問題も解説を読むことで、より語彙力が強化されるはずです。

◉ 本書の方針と特長

➣ 1問で2つのポイント

Part 5の英文には2つ（ときには3つ以上）の重要単語が使われています。本書では常に2つ以上のポイントを解説していくので、**学習の密度も通常の2倍以上濃いもの**となるはずです。

➣ 弱点をあぶり出せる

語彙問題が苦手だと悩んでいる人の中には、「正解になった単語を知らない」のではなく、Chapter 0で述べたように「**文構造が把握できていない**」「**英文の他の場所で使われている単語がわからない**」から解けないということがよくあります。従来の対策本では正解の選択肢にこだわるあまり、この視点が決定的に欠けていました。そこで本書ではそういった重要な点を「隠れポイント」としてきっちりと解説し、どこが弱点なのかを自分で把握できるように解説していきます。

➣ 英語の実力養成×即効性

この本では、英語そのものに真摯に向かい合い、英語の核心をつかむことで、Part 5の語彙問題を攻略して、英語の実力そのものも上げていきます。とはいえ、TOEICを受ける人には準備期間が少ない人も多いでしょうから、10日後に本番を迎える人にも役立つ即効性も兼ね備えた解説・まとめ方を心がけています。
「**速く解く**」と「**正確に解く**」を両立させていきます。

➣ 即スコアにつながる

Part 7で知らない単語があった場合、不安にはなりますが文脈から推測できることもあります。しかしPart 5の語彙問題の場合は「知らない単語がある→即失点」、裏返せば「知っている→即スコアにつながる」ことになるわけです。本書のポイントを1つ覚えるたびにスコアに直結すると言えるでしょう。

➢ リズムよく解ける 6 問 1 セット

Part 5 の対策本は「1 問 1 答」が主流ですが、本書は「6 問 1 セット」です。6 問を 90 秒～ 120 秒で解く感覚を体にしみ込ませる意図があります。「本番（30 問）ではこれを 5 セット繰り返す」という感覚を身につけることで、時間に追われる試験本番でも、本書で磨きあげた体内時計の感覚で、無駄に焦ることなく解いていけるようになるでしょう。

➢ 使いやすい見開き構成と問題の再掲

解説を読むときに、同じページで問題が見られないというのは想像以上にストレスがかかります。本番なら「解く」だけですが、普段の勉強では「理解すること」が最優先です。その理解にストレスがたまらないような構成にしてあります。

➢ 長文でもリスニングでも役立つ知識

解説内容は、Part 5 対策にとどまりません。長文はもちろん、リスニング対策にも使える内容を盛り込んでいます。各ポイントにおいて、どのパートで役立つかもアイコンで示しています。

また、Part 5 の英文は、Part 4・7 の短文練習にも最適です。長文を 1 文ごとにしっかり読むのは大変なので、**本書を利用して「精読」の演習をしておきましょう**。

◎本書の構成と使い方

本編は問題ページと解説ページ（問題つき）で構成されています。

➤ 問題：リズムよく解ける 6 問 1 セット

ヒントなしで解きたい人は、6 問を 1 分 30 秒〜 2 分を目安に一気に解いていきましょう。1 問 1 答で進めたい人は問題つきの解説ページへ進んでください。

ダウンロード特典
正解入りの問題英文音声を用意しています（p.14 参照）。復習の際、シャドーイングなどにご利用ください。

タイム
「6 問を 1 分 30 秒〜 2 分」※（1 問 15 秒 〜 20 秒 × 6 問）で解いていきます。

Chapter 1　問題　001▸006

⏱ 6問を1分30秒〜2分で解く

001. Rustaway, which costs $11 per can, is sold at ------ hardware stores across the country.

(A) urgent
(B) definite
(C) content
(D) major

002. A study conducted by Gatbury University ------ that train commuters read more than the average person.

(A) found
(B) raised
(C) emerged
(D) arose

003. A new gift shop for tourists in Willow Springs sells souvenirs ------ by local artists and craftspeople.

(A) gave
(B) took
(C) made
(D) came

004. The two-week course will cover a variety of social media strategies for ------ your business.

(A) including
(B) appealing
(C) emerging
(D) promoting

005. Hillshire Farms, Inc., changed its snack bar packaging in an ------ to address declining sales.

(A) amount
(B) array
(C) account
(D) attempt

006. Exped Corporation is now in the ------ stages of negotiating an agreement to acquire AHR Logistics.

(A) total
(B) final
(C) entire
(D) more

解答・解説 ▶ p.018-029

016

017

「解答・解説」
解答と解説のページが記載されています。

※理想は 6 問で 1 分 30 秒、リミットが 2 分です。難易度に応じて問題ごとに時間を設定する考え方もありますが、本番で 1 問ずつ時間をチェックするのは現実的ではないので、「6 問 1 分 30 秒〜 2 分」を目安にしましょう。

⋙ 解説：使いやすい見開き構成

各問題の解説と2つの重要ポイントをしっかり確認していきましょう。対象の問題を再掲しているので、このページで1問ずつ解きながら学習を進めることもできます。

問題を確認できる
問題英文を見ながら解説が読めるのでストレスなく学習できます。

「核心」
「隠れポイント」
1問で2つのポイントが学べます。

役立つパート
Part 5と6以外にも役立つパートをアイコンで示しました。

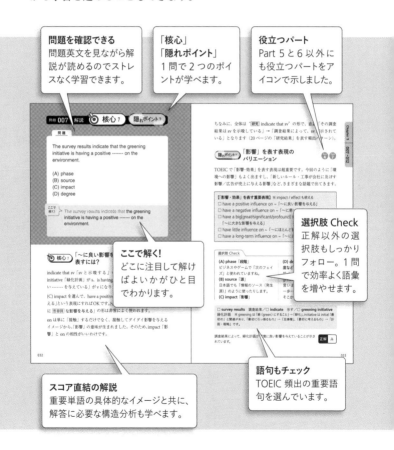

ここで解く！
どこに注目して解けばよいかがひと目でわかります。

選択肢 Check
正解以外の選択肢もしっかりフォロー。1問で効率よく語彙を増やせます。

スコア直結の解説
重要単語の具体的なイメージと共に、解答に必要な構造分析も学べます。

語句もチェック
TOEIC頻出の重要語句を選んでいます。

◉ 特典のダウンロード

本書の正解入り問題英文 PDF と MP3 音声をスマートフォン
やパソコンでダウンロードし、ご利用いただけます。

〈スマートフォン〉

1. ジャパンタイムズ出版の音声アプリ
　「OTO Navi」をインストール
2. OTO Navi で本書を検索
3. OTO Navi で音声をダウンロードし、再生
   ※ 3 秒早送り・早戻し、繰り返し再生などの便利機能つき。
   　PDF はパソコンからご利用ください。

〈パソコン〉

1. ブラウザからジャパンタイムズ出版のサイト
　「BOOK CLUB」にアクセス
　https://bookclub.japantimes.co.jp/book/b597448.html
2. 「ダウンロード」ボタンをクリック
3. PDF と音声をダウンロードし、音声は iTunes などに取り
   込んで再生
   ※ zip ファイルを展開（解凍）してご利用ください。

◉ 本書で使っている記号

S	主語	動	動詞
V	動詞	名	名詞
s	従属節の主語	形	形容詞
v	従属節の動詞	副	副詞
O	目的語	前	前置詞
C	補語		
p.p.	動詞の過去分詞形		

Chapter **1**

まずは初動の 30問

001. Rustaway, which costs $11 per can, is sold at
------- hardware stores across the country.

(A) urgent
(B) definite
(C) content
(D) major

002. A study conducted by Gatbury University -------
that train commuters read more than the average
person.

(A) found
(B) raised
(C) emerged
(D) arose

003. A new gift shop for tourists in Willow Springs sells
souvenirs ------- by local artists and craftspeople.

(A) gave
(B) took
(C) made
(D) came

004. The two-week course will cover a variety of social media strategies for ------- your business.

(A) including
(B) appealing
(C) emerging
(D) promoting

005. Hillshire Farms, Inc., changed its snack bar packaging in an ------- to address declining sales.

(A) amount
(B) array
(C) account
(D) attempt

006. Expeed Corporation is now in the ------- stages of negotiating an agreement to acquire AHR Logistics.

(A) total
(B) final
(C) entire
(D) more

解答・解説 ▶ p. 018-029

問題

Rustaway, which costs $11 per can, is sold at ------- hardware stores across the country.

(A) urgent
(B) definite
(C) content
(D) major

ここで
解く！　Rustaway, which costs $11 per can, is sold at
------- hardware stores across the country.

🎯 核心1　多義語の major

Rustaway が S、which ～ は関係詞の非制限用法で Rustaway の補足説明をしており、is sold が V です。その後に at ------- hardware stores across the country と続いており、**空所には直後の hardware stores「ホームセンター」を修飾する形容詞が入ると考えます。**

hardware stores を修飾する形容詞として適切なのは、(D) major「主要な・大手の」です。major は以下の2つの意味が大切です。

【多義語 major　核心：主要な】
① 主要な　　② 専攻／専攻する・専門に扱う（major in ～）

日本語でも、「**メジャー**な曲」＝「**主要な**曲（人気な曲）」と使われ

ていますね。そして、「大学で主要に勉強する科目」→「専攻／専攻する」の意味も生まれました。major in ~「~において（in）主要に扱う（major）」→「~を専門に扱う」の形が頻出です。

隠れポイント1　content の核心は「中身が詰まった」

(C) content も重要な多義語です。**核心は「中身が詰まった」**で、「中身が詰まっている」→「中身・内容」、「心の中身が詰まった」→「満足した」となりました。商品などの「中身・内容」を「コンテンツ」と言いますが、これは contents のことです。

【多義語 content　核心：中身が詰まった】
① 中身・内容　　② 満足した

また、空所直後の hardware store ですが、"ware" は「物・商品」を表し、hardware は「硬い（hard）商品（ware）」→「金属製品」です。hardware store で、直訳「金属製品（hardware）を主に扱っているお店（store）」→「金物店・ホームセンター」となります。

選択肢 Check

(A) urgent「緊急の」
urge「強く迫る」の形容詞形で、「（迫りくるほど）緊急の」ということです。
(B) definite「明確な・はっきりした」
コンタクトレンズの広告で、「ディファイン（define）」＝「黒目を

はっきりさせる」と使われています。動詞 define は「明確にする」「言葉をはっきり定める」→「定義する」で、その形容詞形がdefinite です。
(C) content「満足した」
(D) major「主要な・大手の」

□ **cost**　（費用が）かかる／□ **per**　~につき・~あたり／□ **can**　缶／
□ **hardware store**　金物店・ホームセンター／□ **across**　~の至る所で

Rustaway は、1 缶 11 ドルで、国中の大手ホームセンターで売られています。

 正解　D

問題

A study conducted by Gatbury University ------- that
train commuters read more than the average person.

(A) found
(B) raised
(C) emerged
(D) arose

ここで解く！　A study conducted by Gatbury University -------
that train commuters read more than the average
person.

核心 2　研究 find that ~ 「研究 によって～がわかる」

A study conducted by Gatbury University「Gatbury 大学によって
行われた研究」が S、空所に V が入り、that ~ が O になると考えま
す。空所直後の that ~ に注目して、後ろに that 節をとれる (A)
found を選べば OK です。find that ~「～を発見する」の形です。

実は、今回の英文は「研究結果」を示すときのお決まりの形です。
"研究 find (that) sv." で、直訳「研究 は sv を発見している」→「研究
によって sv がわかっている」となります。

> 研究 find[show] (that) sv「研究 によって sv がわかっている」
> ※主語には「研究（者）・実験・結果・データ」がくる

動詞は他に、tell「伝える」、reveal「明らかにする」、indicate「示す」、suggest「示唆する」、report「報告する」、prove / demonstrate / confirm「証明する」などが頻出です。

隠れポイント? 「研究を行う」関連の表現

今回の S は A study conducted by Gatbury University「Gatbury 大学によって行われた研究」で、A study を過去分詞 conducted by ~ が修飾していました。

study は「研究（する）」の意味が大事で、conduct a study「研究を行う」は TOEIC 超頻出です。関連する表現をチェックしておきましょう（Part 5 で、conduct が空所で問われることもあります）。

【「研究を行う」関連の Part 5 頻出表現】
□ conduct a study「研究を行う」
□ conduct research「研究を行う」
□ conduct a survey「調査を行う」
□ conduct an inspection「検査を行う」
□ conduct an experiment「実験を行う」

選択肢 Check

(A) found「発見した」
(B) raised「上げた」
本来は「上げる」で、「親が子どもの年齢を上げる」→「育てる」、「集めたお金を積み上げる」→「（お金を）集める」となりました。
(C) emerged「現れた」

emergency「緊急事態」は本来「急に現れた出来事」で、その動詞形が emerge「現れる」です。
(D) arose「生じた」
arise – arose – arisen という変化で、「自動詞」という点も大事です（詳しくは 125 ページ）。

□ **commuter** 通勤者／□ **average** 平均の・普通の

Gatbury 大学が行った研究によって、電車で通勤する人は普通の人よりもよく本を読むことが明らかになりました。

正解 A

問題

A new gift shop for tourists in Willow Springs sells souvenirs ------- by local artists and craftspeople.

(A) gave
(B) took
(C) made
(D) came

ここで解く！　A new gift **shop** for tourists in Willow Springs **sells** **souvenirs** ------- by local **artists** and craftspeople.

核心 3　○○ made by ~ 「〜によって作られた○○」

A new gift shop for tourists in Willow Springs「Willow Springs の観光客向けの新しいお土産店」が S、sells が V、souvenirs ------- by ~ が O です。空所以下は直前の souvenirs「お土産」を修飾していると考えます。

選択肢の中で**過去分詞（名詞を修飾できる形）**は、**(C) made** だけです。souvenirs <u>made by local artists and craftspeople</u>「地元の芸術家および職人によって作られたお土産」となります。

(A) gave、(B) took、(D) came は過去形なので、souvenirs を後ろから修飾することはできません。語彙問題に思えて「意味」ばかりに注目しがちですが、こういった文法的な視点も役立つわけです。

隠れポイント③ 「お土産」関係の語句を整理

今回の問題は、形のうえでは文法問題に分類されますが、実情としては空所直前の souvenirs「お土産」でつまずいた人もいるかもしれません。

souvenir は元々がフランス語なのでつづりと発音が難しいのですが、TOEIC では souvenir「お土産」は欠かせない単語です。たとえば、Part 4 の「ツアー」の話では、**ツアーガイドが「最後にsouvenir を買うといい」**と言うのがお決まりの流れです。

「お土産」関係の語句として、前半にある gift shop「お土産店」もセットで押さえておきましょう。今回は仮に souvenir をど忘れしても、「gift shop が観光客向けに売っているもの」→「お土産」と考えることができますね。

また、最後の craftspeople は「職人」です。craft は「工芸品」で、craftspeople は「工芸品を作る人々」→「工芸家・職人」となります。

選択肢 Check

(A) give 動「与える」の過去形
(B) take 動「取る」の過去形
(C) make 動「作る」の過去形・

過去分詞形
(D) come 動「来る」の過去形

□ **gift shop** お土産店／□ **tourist** 観光客／□ **souvenir** お土産／
□ **local** 地元の ※「田舎の」と勘違いする人が多いのですが、正しくは「地元の・その地方の」という意味で、別に田舎だけを指すわけではありません。／□ **artist** 芸術家／□ **craftspeople** 職人

Willow Springs の観光客向けの新しいお土産店は、地元の芸術家および職人によって作られたお土産を販売しています。

正解 C

問題

The two-week course will cover a variety of social media strategies for ------- your business.

(A) including
(B) appealing
(C) emerging
(D) promoting

ここで
解く！ The two-week course will cover a variety of social media strategies for ------- your business.

核心 4 　promote は本来「前へ動かす」

The two-week course will cover が SV で、a variety of social media strategies for ------- your business が O になります。

空所前後は「前置詞 + 空所 + 名詞（your business）」のカタマリなので、空所には直後の your business を O にとる動名詞が入ると考えます。「会社・事業を ------- ためのさまざまな SNS 戦略」で文意に合うのは、(D) promoting「宣伝する」です。

【多義語 promote　核心：前へ動かす】
① 促進する・宣伝する・成長させる　② 昇進させる

本来「前へ（pro）動かす（mote = motor / move）」で、「物・事を前へ動かす」→「促進する・宣伝する・成長させる」、「人を前へ動かす」→「昇進させる」となります。名詞形 promotion は「プロモーションビデオ（販売を<u>促進する</u>ための動画）」で使われています。

隠れポイント ! cover は「カバーする」から考える

The two-week course will <u>cover</u> ~「その 2 週間の講座は~を扱う」では、cover が「扱う」の意味で使われています。**重要多義語の cover は「カバーする」という日本語から考えれば OK** です。

【多義語 cover　核心：カバーする】
① 覆う　② 扱う・取材する　③ 償う・保険をかける　④ 進む

「起きた出来事をカバーする」→「扱う・取材する」、「守るためにカバーをかける」→「償う・保険をかける」、「ある距離をカバーする」→「進む」となりました。

選択肢 Check

(A) include 動「含む」の -ing 形
「中に（in）閉じる（clude = close）」→「含む」となりました。
(B) appeal 動「訴える」の -ing 形
「自己アピールする」とは「自分の長所を相手の心に訴える」こと

です。appeal to ~「~に訴える」の形が大事です。
(C) emerge 動「現れる」の -ing 形
※ 21 ページ
(D) promote 動「宣伝する」の -ing 形

□ course　講座／□ a variety of ~　さまざまな~／□ social media　ソーシャルメディア・SNS ／□ strategy　戦略／□ business　事業・会社

その 2 週間の講座は、皆さまの会社を宣伝するためのさまざまな SNS 戦略を扱う予定です。　　**正解 D**

問題

Hillshire Farms, Inc., changed its snack bar packaging in an ------- to address declining sales.

(A) amount
(B) array
(C) account
(D) attempt

ここで解く！　Hillshire Farms, Inc., changed its snack bar packaging in an ------- to address declining sales.

核心 5　in an attempt to *do*「～しようとして」

Hillshire Farms, Inc., changed its snack bar packaging「Hillshire Farms 株式会社はスナックバーのパッケージを新しくした」で文の要素は完成しており、in 以下は副詞のカタマリになります。

空所前後の in an と to に注目し、in an attempt to *do*「～しようとして」という表現にすれば OK です。この attempt は名詞「試み」で、直訳「これから～する（to）試み（attempt）の中で（in）」→「～しようとして」となりました。to には「未来志向（これから～する）」のイメージがあり、今回も「これから～しようとして」ということです。

隠れポイント5　TOEIC で超重要な address

in an attempt to *do*「〜しようとして」の *do* には、address「取りか
かる・対処する」がきています。TOEIC で重要な多義語で、いろ
いろな意味で出てきますが、**核心イメージは「ぽ〜んと向ける」**です。

【多義語 address　核心：ぽ〜んと向ける】
① 向ける　　② 話しかける／演説　③ 取りかかる・対処する
④ 委託する　⑤ 住所／宛先を書く

「話の内容を聴衆にぽ〜んと向ける」→「話しかける／演説」、「ある
課題に、自分の意識をぽ〜んと向ける」→「取りかかる・対処する・
扱う」となりました。おなじみの「住所」は「手紙をぽ〜んと向け
る先」です。

選択肢 Check

(A) amount「量」
名詞「量」だけでなく、「山を登
る（mount）」→「〜に達する・
〜となる」という動詞も大事です。
(B) array「配列」
TOEIC では an array of ~「配列
された〜」→「ずらりと並んだ〜・
幅広い〜」という表現が頻出で、
Part 5 でもよく狙われます。
(C) account「請求書・口座・説明」
重要多義語です。account は

count「数える」と同じ語源で、
本来「計算する」→「（計算した
内容を）説明する」を表します。
【多義語 account　核心：計算し
て説明する】
① 勘定書・請求書
② 口座・（SNS などの）アカウント
③ 報告・説明／（account for ~
で）〜を説明する
④（account for ~ で）〜を占める
(D) attempt「試み」

□ **snack bar**　スナックバー・バータイプのお菓子（グラノーラなどを使ったお
菓子）／□ **packaging**　包装／□ **address**　取りかかる・対処する／
□ **decline**　減少する／□ **sales**　（複数形で）売上（高）

Hillshire Farms 株式会社は、売上の落ち込みに対処しようとスナックバ
ーのパッケージを新しくしました。

正解　D

問 題

Expeed Corporation is now in the ------- stages of
negotiating an agreement to acquire AHR Logistics.

(A) total
(B) final
(C) entire
(D) more

ここで
解く！　　Expeed Corporation is now in the ------- stages of
negotiating an agreement to acquire AHR
Logistics.

◎ 核心 6　final stage「最終段階」

be in the ------- stages of ~「~の ------- 段階だ」で、空所には直後
の名詞 stages を修飾する形容詞が入ります。「どんな段階？」と考え、
(B) final「最後の」を選べば OK です。is now in the final stages of
negotiating ~「~を交渉する最終段階」となります。

final stage「最終段階」は、日本語でもそのまま「ファイナルステー
ジ」と言ったりするので問題ないでしょう（final phase「最終段階」
も同じ意味）。

stage は「ステージに立つ」のように使うので、「舞台」のイメージ
が強いかもしれませんが、「**段階・時期**」の意味が大事です。

【多義語 stage　核心：立っている場所】
① 舞台　　　　　② 段階・時期

本来「立っている場所」で、そこから「舞台」、「現時点で立っている場所」→「段階・時期」となりました。in the first stage of ~ は、「最初の段階（stage 1）の範囲内で」→「最初の段階で」です。

隠れポイント♪ acquire は「買収する」を表している

英文後半の negotiating an agreement to acquire AHR Logistics は「AHR Logistics の買収契約の交渉」です。to は「同格」を表し、an agreement to *do*「~するという契約」となっています（177 ページ）。

acquire は「獲得する」の訳語が有名ですが、TOEIC では「**会社を獲得する**」→「**買収する**」の意味が大事です。今回もこちらの意味で、agreement to acquire AHR Logistics「AHR Logistics を買収するという契約」→「AHR Logistics の買収契約」となるわけです。

選択肢 Check

(A) total「合計の」
日本語でも「合計」のことを「トータル」と言いますね。in total「合計で・全部で」という熟語も大事です（この in は「形式」を表す）。
(B) final「最終の」
(C) entire「全体の」

※ 138 ページ
(D) more「より多い」
2 つの用法があり、(1) 長い単語を比較級にする（例：interesting → more interesting）、(2) many・much の比較級（例：many friends → more friends）という働きです。

□ **corporation** 法人／□ **stage** 段階／□ **negotiate** 交渉する／
□ **agreement** 契約・合意／□ **acquire** 買収する

Expeed 社は現在、AHR Logistics の買収契約を交渉する最終段階にあります。

正解　B

007. The survey results indicate that the greening
initiative is having a positive ------- on the
environment.

(A) phase
(B) source
(C) impact
(D) degree

008. The career fair will be a great opportunity for
nurses to meet with ------- from major medical
institutions.

(A) recruiting
(B) recruitments
(C) recruiters
(D) recruit

009. City officials are invited to take a tour of the
Mackey Convention Center before it ------- opens
on June 12.

(A) constantly
(B) personally
(C) originally
(D) officially

010. Tourists from around the world ------- make up about 75 percent of the store's clientele.

(A) gradually
(B) rapidly
(C) ordinarily
(D) immediately

011. The directors agreed that the product launch should be postponed, after Mr. Cartwright voiced his ------- on the matter.

(A) function
(B) situation
(C) opinion
(D) version

012. Although Ms. Winston entered the product number ------- on the order form, an error message appeared on the screen.

(A) barely
(B) extremely
(C) correctly
(D) deeply

解答・解説 ▶ p. 032-043

問題

The survey results indicate that the greening initiative is having a positive ------- on the environment.

(A) phase
(B) source
(C) impact
(D) degree

ここで
解く!

The survey results indicate that **the greening initiative is having a positive ------- on the environment.**

◎ 核心 7　「〜に良い影響を与える」を表すには？

indicate that sv「sv と示唆する」の形で、that 節中は greening initiative「緑化計画」が s、is having a positive ------- on ~「〜に良い ------- を与えている」が v になります。

(C) impact を選んで、have a positive impact on ~「〜に好影響を与える」という表現にすれば OK です。have a 形容詞 impact on ~「〜に 形容詞 な影響を与える」の形は非常によく使われます。

on は単に「接触」するだけでなく、接触してグイグイ影響を与えるイメージから、「影響」の意味が生まれました。そのため、impact「影響」と on の相性がいいわけです。

ちなみに、全体は "研究 indicate that sv" の形で、直訳「その調査結果は sv を示唆している」→「調査結果によって、sv が示されている」となります（20 ページの「研究結果」を表す頻出パターン）。

<hr>

隠れポイント7 「影響」を表す表現の
バリエーション Part4 Part7

TOEIC で「影響・効果」を表す表現は超重要です。今回のように「環境への影響」もよく出ますし、「新しいルール・工事が会社に及ぼす影響／広告が売上に与える影響」など、さまざまな話題で出てきます。

【「影響・効果」を表す重要表現】 ※ impact / effect も使える

☐ have a positive influence on ~「~に良い影響を与える」
☐ have a negative influence on ~「~に悪い影響を与える」
☐ have a big[great/significant/profound] influence on ~
　「~に大きな影響を与える」
☐ have little influence on ~「~にほとんど影響を与えない」
☐ have a long-term influence on ~「~に長期的な影響を与える」

選択肢 Check

(A) phase「段階」
ビジネスやゲームで「次のフェイズ」と使われていますね。
(B) source「源」
日本語でも「情報のソース（発生源）」のように使ったりします。
(C) impact「影響」

(D) degree「程度・度合／（温度などの）度／学位」
核心は「段階」で、"gree" は grade「階級・成績（グレードと言いますね）」を表しています。一歩一歩段階があるイメージで、そこから「程度」となりました。

☐ **survey results** 調査結果／☐ **indicate** 示す／☐ **greening initiative**
緑化計画 ※ greening は「緑（green）にすること」→「緑化」、initiative は initial「最初の」と関連があり、「最初に引っ張るもの」→「主導権」、「最初に考えるもの」→「計画・戦略」です。

調査結果によって、緑化計画が環境に良い影響を与えていることが示されています。

 正解 C

Part 7

問題

The career fair will be a great opportunity for nurses to meet with ------- from major medical institutions.

(A) recruiting
(B) recruitments
(C) recruiters
(D) recruit

ここで
解く！　The career fair will be a great opportunity for nurses to meet with ------- from major medical institutions.

🎯 **核心 8** recruiter は「募集する人」
　　　　 →「人事採用担当者」

全体は、The career fair will be a great opportunity for 人 to *do*「その就職説明会は、人 が〜する絶好の機会になる」です（"for 人" は意味上の主語、to は「同格」）。そして to 以下に、meet with ------- from major medical institutions「大手医療機関の ------- と会う」がきています（from は「所属・身分」を表す）。

前置詞 with の直後なので、空所には「名詞」が入ると考えます。「就職説明会で看護師が会う」対象として適切なのは、(C) recruiters「人事採用担当者」です。a great opportunity for nurses to meet with recruiters「看護師が人事採用担当者と会う絶好の機会」となります。

recruit は動詞「新しく募集する・入れる」で、日本でもビジネス

034

で「リクルートする」=「新しい人材を募集する・採用する」と使われています。これに "-er"「～する人」がついて、recruiter「新しい人材を募集する人」→「人事採用担当者」となりました。

ちなみに、(D) recruit にも名詞の用法がありますが、これは「新入社員」という意味なので文意に合いませんし、冠詞などがない点もアウトです。また、(B) recruitments「求人」も名詞ですが、meet with ~「～と会う」のOとしては不適切です。

隠れポイント⁸ TOEIC 頻出の career fair とは？

career fair はよく「就職フェア・就職説明会」とだけ訳されますが、「会場に複数の企業がブースを設けて、自社の求人や採用について説明をする」場のことです。就職活動をする人がこの career fair に行って、興味のある会社の話を聞いたりするわけです。

TOEIC で「求人・採用」の話は頻出ですし、career fair の話題自体が Part 4 や Part 7 に出ることもあるので、きちんとイメージが浮かぶようにしておきましょう。ちなみに、近い意味で employment seminar「雇用セミナー・就職セミナー」という表現も使われます。

選択肢 Check

(A) recruit 動「新しく募集する・入れる」の -ing 形
(B) recruitment 名「求人」の複数形
(C) recruiter 名「人事採用担当者」の複数形
(D) recruit 動「新しく募集する・入れる」の原形／名「新入社員」

□ fair フェア／□ opportunity 機会／□ nurse 看護師／□ meet with ~ ～と会う／□ major 大手の・主要な／□ medical institution 医療機関

その就職説明会は、看護師が大手医療機関の人事採用担当者と会う絶好の機会になります。　　正解 C

問題 009 | 解説　核心9　隠れポイント9

問題

City officials are invited to take a tour of the Mackey Convention Center before it ------- opens on June 12.

(A) constantly
(B) personally
(C) originally
(D) officially

ここで解く！

City officials are invited to take a tour of the Mackey Convention Center before it ------- opens on June 12.

核心9　personally ⇔ officially　Part3 Part4 Part7

英文全体は SV before sv.「sv する前に SV だ」の形で、before 節は it が s、opens が v で、空所には opens を修飾する副詞が入ります（it は the Mackey Convention Center を指しています）。

「6 月 12 日に ------- 開館する前に、見学に招待されている」という文意に合うのは、(D) officially「公式に・正式に」です。official「公式の」は、日本語でも「オフィシャルサイト」=「公式のウェブサイト」とよく使われていますね。その副詞形が officially です（(B) personally「個人的に」の逆）。

036

隠れポイント⑨ take a tour of ~ 「〜を見学する・見て回る」

主節は invite 人 to *do*「人 を〜するよう招待する」の受動態で、人 is invited to *do*「人 は〜するよう招待される」の形です。そして to 以下に、take a tour of ~「〜を見学する・見て回る」と続いています。

TOEIC で tour は欠かせない単語で、「ツアー」と聞くとどうしても「旅行や観光地のツアー」のイメージが強いのですが、普通に「**見学**」**の意味**でもよく使われます。take a tour of ~ で、直訳「〜の見学（a tour of ~）をとる（take）」→「〜を見学する」となるわけです。

Part 3 や Part 4 では「ツアーの申し込み・ツアーガイドの説明」が超頻出ですし、Part 7 でも「ツアー」や「工場見学」の話はよく出てきますので、必ずチェックしておきましょう。

選択肢 Check

(A) constantly「絶えず」
"stant = stand" で、本来は「しっかり立っている」という意味です。そこから「ずっと立っている」→「絶えず」となりました。

(B) personally「個人的に」
形容詞 personal は「人・個人（person）に関する」→「個人的な」で、personal information「個人情報」のように使われます。

(C) originally「元々」
日本語の「オリジナル」は「独創的な」イメージが強いのですが、英語の original は単に「元の・最初の」という意味でもよく使われます。副詞形が originally「元々」で、「元々は〜だったが、後に変更した」という流れでよく出てきます。

(D) officially「公式に・正式に」

□ **official　公務員・職員**　※形容詞「公式の」が有名ですが、今回のように名詞「公務員・職員」といった意味でも使われます。「国や会社から公式に認められて働いている人」と考えればよいでしょう。／□ **be invited to *do*　**〜するよう招待される／□ **take a tour of ~　**〜を見学する・見て回る

市の職員は、Mackey コンベンションセンターが 6 月 12 日に正式に開館する前に、その施設を見学してみてはいかがでしょうか。

正解　D

※直訳は「施設の見学に招待されている」ですが、市の職員に向けた英文と考えられるため、このように意訳可能です。

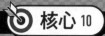

問題

Tourists from around the world ------- make up about 75 percent of the store's clientele.

(A) gradually
(B) rapidly
(C) ordinarily
(D) immediately

ここで解く！

Tourists from around the world ------- make up about 75 percent of the store's clientele.

 核心 10 **ordinary は「正常な状態 （ordin = order）の」** Part 3 Part 4 Part 7

Tourists from around the world「世界中から来た旅行者」が S、make up が V、about 75 percent of ~ が O で、**空所には make up を修飾する副詞が入ります。**

ここでの make up は「占める」で、「世界中から来た旅行者が ------- 客の約 75％を占める」となります。文意が通るのは、(C) ordinarily「普通は・通常は」です。形容詞 ordinary は「正常な状態（ordin = order「秩序」）の」→「普通の・通常の」で、その副詞形が ordinarily「普通は・通常は」です。

隠れポイント⑩ make up は直訳「作り上げる」から攻略可能！

今回は make up「構成する・占める」の意味もポイントになります。make up にはさまざまな意味がありますが、**本来は「作り（make）上げる（up)」**で、すべてこの意味から考えれば攻略できます。

【make up　核心：作り上げる】
① 作り上げる　　　　　　② 構成する・占める
③ 話を作り上げる・でっちあげる　④ 仲直りする　⑤ 化粧する

今回は「その店の客を作り上げる」→「構成する・占める」ということですね。その他の意味は「話を作り上げる・でっちあげる」、「ケンカして壊れた友情関係を作り上げる」→「仲直りする」、「顔をきれいに作り上げる」→「化粧する」と考えれば OK です。

ちなみに、文末の clientele は「（集合的に）顧客・常連」を表します。少し難しい単語ですが、client「顧客」と関連づければいいでしょう。

選択肢 Check

(A) gradually「だんだん」
"gradu"は「段階（= grade)」の意味で、「段階をおって・段階を経て」→「徐々に・だんだん」と押さえてください。
(B) rapidly「急速に」
「快速電車」には "rapid" と表示されていることも多いです。形容詞 rapid「早い・急速な」の副詞

形が rapidly「急速に」です。
(C) ordinarily「普通は」
(D) immediately「すぐに」
形容詞 immediate は「真ん中（mediate = medium）に何もない（im = 否定の in)」→「即座の」で、その副詞形が immediately です。

□ **tourist**　旅行者・旅行客／□ **make up**　構成する・占める／□ **clientele**（集合的に）顧客・常連

その店の客は通常、およそ 75% が世界中から来た旅行者です。
※直訳：世界中から来た旅行者が、通常、その店の客のおよそ 75% を占めている。

正解 C

問題

The directors agreed that the product launch should
be postponed, after Mr. Cartwright voiced his -------
on the matter.

(A) function
(B) situation
(C) opinion
(D) version

ここで
解く！
> The directors agreed that the product launch
> should be postponed, **after Mr. Cartwright voiced
> his ------- on the matter.**

🎯 核心 11　voice one's opinion 「 人 の意見を述べる」

英文全体は SV, after sv.「sv した後に SV する」の形で、after 節は
Mr. Cartwright が s、voiced が v、his ------- が o になります。

ここでの voice は動詞「言う・述べる」です。voice は名詞「声」
が有名ですが、**動詞「声を出す」→「言う・述べる」も大事**です（今
回は過去形 voiced になっていることや、直後に his ~ と目的語が続
くことから動詞と判断できます）。

voice の目的語として適切なのは (C) opinion「意見」で、voice
one's opinion「 人 の意見を述べる」という表現になります。病院
での「セカンドオピニオン」の直訳は「2 番目の意見」で、「患者が
1 人の医師だけでなく、他の医師にも診断や治療法などを聞く」こ

とですね。

隠れポイント 11　多義語 matter をチェック

文末の matter も重要単語です。**本来は「中身が詰まったもの」で、**そこから「物体」「事柄・問題」、さらには「中身が詰まって重要だ」→「重要である」となります。

【多義語 matter　核心：中身が詰まったもの】
① 物体　　　② 事柄・問題　　　③ 重要である

今回は「事柄」の意味で、voiced his opinion on the matter「その件に関して彼の意見を述べた」となるわけです。ちなみに、on は本来「接触」→「意識の接触（～について）」を表しています。

選択肢 Check

(A) function「機能」
パソコンのキーボードにある「(F4 などの）ファンクションキー (function key)」は、「いろんな機能が使えるボタン」です。
(B) situation「状況」
日本語でも「ロマンチックなシチュエーション」などと使われていますね。situation は「その場を取り巻く状況」という意味です。

(C) opinion「意見」
(D) version「版」
日本語でも「～バージョン」とよく使われています。TOEIC では予定表にさまざまな修正が加えられたり、ソフトウェアが更新されたりすることがよくあるので、the latest version「最新版」は大事な表現です。

□ **director**　重役／□ **agree that ~**　～に同意する・賛成する／□ **product launch**　商品の発売　※ launch は本来「ロケットを打ち上げる」で、そこからビジネスに転用され、「別の業界にロケットを打ち込む」→「売り出す・開始する／発売」となりました。／□ **postpone**　延期する／□ **voice**　言う・述べる／□ **matter** 事柄・問題

Cartwright 氏がその件に関して意見を述べた後、重役たちは商品発売が延期されるべきであることに同意しました。

問題

Although Ms. Winston entered the product number
------- on the order form, an error message appeared
on the screen.

(A) barely
(B) extremely
(C) correctly
(D) deeply

ここで
解く！

Although Ms. Winston entered the product number
------- on the order form, **an error message
appeared** on the screen.

◎ 核心 12　correct と direct の共通点

英文全体は Although sv, SV. 「sv だけれども SV だ」の形で、
Although 節は Ms. Winston が s、entered が v、the product
number が o で、空所には副詞が入ります。

「商品番号を ------- 入力したが、エラーメッセージが表示された」
という流れに合うのは、(C) correctly「正しく」です。co<u>rrect</u> の
"rect" は、di<u>rect</u> と同じ意味で、「まっすぐ正しい方向へ指導する」
→「正しい・訂正する」となりました。その副詞形が correctly「正
しく」です。

隠れポイント12 「対比」を表す従属接続詞

今回は although が使われましたが、「対比・逆接」を表す従属接続詞は英文を正しく読むうえで非常に大事です。従属接続詞はすべて "Although sv, SV. ／ SV although sv." の形をとります。この形をチェックしてから、以下の従属接続詞の意味を確認してください。

---

①「対比」を表す従属接続詞
□ while「〜する一方で」　　　□ whereas「〜する一方で」

②「逆接・譲歩」を表す従属接続詞
□ though / although「〜だけれども」
□ even though「(実際そうであるが) たとえ〜でも」※ though を強調したもの
□ even if「(実際はわからないが) たとえ〜でも」※ if を強調したもの
□ if「たとえ〜でも」※ if だけで even if の意味で使うこともできる
□ whether「〜してもしなくても」
□ granted (that) ~ ／ granting (that) ~「〜だと認めるとしても」

選択肢 Check

(A) barely「かろうじて」
barely は「基準を少しだけ超える／ぎりぎりできた」ことを表します (混同しがちな almost や nearly などは 149 ページ)。
(B) extremely「きわめて」
※ 7 ページ

(C) correctly「正しく」
(D) deeply「深く」
形容詞 deep「深い」は、日本語でも「ディープな世界」=「奥が深い世界」と使われていますね。その副詞形が deeply です。

□ enter　入力する／□ product　商品・製品／□ order form　注文フォーム／□ error　エラー／□ message　メッセージ／□ appear　現れる／□ screen　画面

Winston さんは注文フォームに商品番号を正しく入力しましたが、画面にエラーメッセージが表示されました。　正解 **C**

013. Beginning in September, the Redwood Book Club
will meet ------- to discuss contemporary literature.

(A) widely
(B) regularly
(C) gradually
(D) formerly

014. Since last April, Ms. Bosworth has been in -------
of a business that specializes in cleaning
commercial properties.

(A) conduct
(B) govern
(C) charge
(D) manage

015. Farm equipment maker GLEX Industrial recently
------- plans to expand its manufacturing
operations in South America.

(A) announced
(B) proceeded
(C) impressed
(D) responded

016. Mr. Evans called Ms. Gleeson's office to ------- that their meeting would start at 10:00 A.M. tomorrow.

   (A) recall
   (B) confirm
   (C) fulfill
   (D) monitor

017. The old port area of East Barbosa has ------- been known for its historic lighthouse.

   (A) large
   (B) great
   (C) long
   (D) full

018. This weekend, Ellinwood Gifts will be ------- a 20 percent discount on all its scented candle products.

   (A) offering
   (B) qualifying
   (C) deserving
   (D) engaging

解答・解説 ▶ p. 046-057

問題

Beginning in September, the Redwood Book Club will meet ------- to discuss contemporary literature.

(A) widely
(B) regularly
(C) gradually
(D) formerly

ここで解く！

Beginning in September, the Redwood Book Club will meet ------- to discuss contemporary literature.

核心 13　「レギュラー選手」とはどういう意味？

the Redwood Book Club が S、will meet が V で、空所には副詞が入ります。空所直後の to ~ は「目的（～するために）」を表し、「現代文学について話し合うために ------- 集まる」となります。

「どのように集まるか？」を考え、(B) regularly「定期的に」を選べば OK です。形容詞の regular「規則的な・定期的な」は、スポーツの「レギュラー選手」=「規則的に決まって試合に出る選手」でおなじみです。その副詞形が regularly「規則正しく・定期的に」です。

隠れポイント 13　自動詞 vs. 他動詞をチェック！ Part3 Part4 Part7

the Redwood Book Club will <u>meet</u> regularly to ~ では、meet の直後に副詞がきています（直後に O はありません）。**この meet は自動詞で、「（人・グループが）集まる・開催される」という意味です。**

その後にある discuss は「〜について議論する・話し合う」という意味の他動詞です。以下で自動詞とまぎらわしい「他動詞」をまとめておきます。

【自動詞とまぎらわしい「他動詞」】※すべて「直後に名詞」がくる
□ resemble「〜に似ている」 □ answer「〜に答える」 □ strike「〜（考え）が人の心に浮かぶ」 □ address「〜に話しかける・対処する」 □ obey「〜に従う」 □ attend「〜に出席する」 □ deserve「〜に値する」 □ reach「〜に着く」 □ enter「〜に入る」 □ approach「〜に近づく」 □ visit「〜を訪問する」 □ leave「〜を出発する」 □ marry「〜と結婚する」 □ contact「〜と連絡をとる」 □ follow「〜についていく」 □ accompany「〜についていく」 □ join「〜に参加する」 □ discuss「〜について議論する・話し合う」 □ mention「〜について言及する」 □ consider「〜について考える」 □ survive「〜より長生きする」

選択肢 Check

(A) widely「広く」
形容詞 wide「広い」は、日本語でもそのまま「ワイドな○○」と使われていますね。
(B) regularly「定期的に」
(C) gradually「だんだん」

※ 39 ページ
(D) formerly「以前は」
originally「元々」（37 ページ）と同じように、「以前は〜だったけど、現在は…だ」という流れでよく使われます。

□ **beginning** 〜から・〜に始まり／□ **contemporary** 現代の／
□ **literature** 文学

Redwood ブッククラブ（読書会）は 9 月から、現代文学について話し合うために定期的に集まる予定です。　正解 **B**

問題

Since last April, Ms. Bosworth has been in ------- of a business that specializes in cleaning commercial properties.

(A) conduct
(B) govern
(C) charge
(D) manage

ここで
解く！

Since last April, Ms. Bosworth has been in ------- of a business that specializes in cleaning commercial properties.

◎ 核心 14　charge は「プレッシャーをかける」イメージ　Part 2 Part 3 Part 4 Part 7

空所前後の in と of に注目して、in charge of ~「~を担当して」という熟語にします。Ms. Bosworth has been in charge of a business that specializes in ~「Bosworth さんは~に特化した事業を担当している」となり、文意も通りますね。

多義語 charge の核心は「プレッシャーをかける」で、相手にズンズン迫るイメージです。

【多義語 charge　核心：プレッシャーをかける】
① 請求する／料金　　② 非難する／非難　　③ 委ねる／責任

「お金を払えとプレッシャーをかける」→「請求する」、「文句を言ってプレッシャーをかける」→「非難する」、「プレッシャーをかけて大事な仕事を任せる」→「委ねる」となりました。

そして、「委ねる」とは「責任」を任せられることですね。in charge of ~ で、直訳「〜の責任の中にいて」→「〜を担当して」です。

隠れポイント14 specialize in ~ と 多義語 property

空所後の specialize in ~ は、直訳「〜の範囲において（in）スペシャルに扱う（specialize）」→「〜を専門にする・〜に特化する」という熟語です（in は「範囲・分野」を表しています）。major in ~ ≒ specialize in ~「〜を専門にする」と押さえておきましょう。

また、最後の property「不動産」も TOEIC で重要な多義語です。核心は「自分のモノ」で、「自分のモノ」→「所有物・財産・不動産」、「体の中に持っているモノ」→「性質」となりました。

【多義語 property　核心：自分のモノ】
① 所有物　　② 財産・不動産　　③ 性質

選択肢 Check

(A) conduct 動「行う」/名「行為」「ツアーコンダクター」とは「旅行者を一緒に（con）案内する・導く（duct）人」です。「導く」→「行う/行為」となりました。
(B) govern 動「支配する」
名詞形の government「政府」

は「支配する・統治する（govern）機関」ということです。
(C) charge 名「責任」
(D) manage 動「経営する・管理する」
「（芸能人の）マネージャー」は、「芸能人の仕事を管理する人」です。

□ **business** 事業／□ **commercial** 商業用

Bosworth さんはこの前の 4 月より、商業用不動産の清掃に特化した事業を担当しています。　　**正解 C**

問題 015 | 解説　◎ **核心 15**　隠れポイント 15

問 題

Farm equipment maker GLEX Industrial recently ------- plans to expand its manufacturing operations in South America.

(A) announced
(B) proceeded
(C) impressed
(D) responded

ここで 解く！　Farm equipment maker GLEX Industrial recently ------- plans to expand its manufacturing operations in South America.

◎ **核心 15**　アナウンサーは「ニュースを 発表する人」

Farm equipment maker GLEX Industrial「農業機械メーカーの GLEX Industrial」が S、recently は副詞で、空所に V が入ると考え ます。そして plans to expand ~「~を拡大する計画」が O になり ます。

「GLEX Industrial は最近~を拡大する計画を -------」という文意に 合うのは、(A) announced「発表した」です。日本語でも「人事の アナウンス（発表）がある」と言ったりしますね。また、「アナウン サー（announcer）」は「ニュースを発表する人」ということです。

ちなみに、**今回は「形」もヒント**になります。(B) proceeded は自 動詞なので、直後に O はとれません（proceed with a plan「計画を

050

進める」のように使います）。また、(D) responded も主に自動詞として使われ、respond to ~「~に返答する」の形が大事です。

※ (C) impressed は他動詞ですが、直後には「良い印象を与える・感心させる対象」がきます。

隠れポイント¹⁵ 2つの「同格」を理解する

文頭は Farm equipment maker と GLEX Industrial が「同格」の関係になっています。TOEIC では架空の固有名詞がたくさん出てくるので、その固有名詞を説明するために同格が多用されるのです。

また、空所後は plans to expand its manufacturing operations in ~「製造作業を~に拡大する計画」で、この to も「同格」を表しています。まず漠然と plan と言ってから、to 以下で「どんな計画か？」を具体的に説明する感覚です（文法書では「to 不定詞の形容詞的用法で同格を表す」と説明されます）。

選択肢 Check

(A) announced「発表した」

(B) proceeded「進んだ」

「前に（pro）進む（ceed = go）」です。process「プロセス・過程」と同語源で、それぞれ「前に進む過程」「前に進む手順」ということですね。

(C) impressed「良い印象を与えた」

「心の中に（im = in）印象を押しつける（press）」→「良い印象を与える/感銘を与える・感心させる」となりました。

(D) responded「返答した・反応した」

名詞の response「返答」は、日本語でも「レスポンスが早い」と言ったりしますね。その動詞形が respond です。

□ **farm** 農場／□ **equipment** 装置・機器／□ **recently** 最近／
□ **expand** 拡大する　※筋トレで使う「エキスパンダー（バネが3本ついている器具）」は、「バネが拡大して、さらに大胸筋も拡大する器具」です。／
□ **manufacturing** 製造／□ **operation** 作業・業務・事業

農業機械メーカーの GLEX Industrial は最近、製造作業を南アメリカに拡大する計画を発表しました。

　正解 A

問題

Mr. Evans called Ms. Gleeson's office to ------- that their meeting would start at 10:00 A.M. tomorrow.

(A) recall
(B) confirm
(C) fulfill
(D) monitor

ここで解く！ Mr. Evans called Ms. Gleeson's office to ------- that their meeting would start at 10:00 A.M. tomorrow.

核心 16 confirm は「理解を強固に (firm) する」

Mr. Evans called Ms. Gleeson's office「Evans さんは、Gleeson さんの会社に電話をした」で文 (SVO) が成立しているので、to ~ は「(文構造上) 余分な要素」=「副詞のカタマリ」になると考えます。to 不定詞の副詞的用法で、「～するために」という意味になるはずです。

「------- ために会社に電話した」という流れに合うように、(B) confirm「確認する」を選べば OK です。Mr. Evans called Ms. Gleeson's office to confirm that ~「Evans さんは～を確認するために Gleeson さんの会社に電話した」となります。

firm は「固い」で、confirm は「理解を強固に (firm) する」→「確認する」です。ビジネスや予約で「確認する」作業は重要なので、

当然いろいろな場面で出てきます。今回は後ろに that 節が続き、confirm that sv「sv であることを確認する」となります。

隠れポイント16 monitor の動詞用法

誤りの選択肢 (D) monitor は、名詞「モニター」は簡単ですが、「モニターで監視する」→「監視する・チェックする」という意味の動詞が大事です。monitor progress「進捗状況をチェックする」のように、特に仕事の進み具合を「監視する」場合の使い方を押さえておきましょう。

その他にも、monitor Internet usage「インターネットの利用を監視する」、monitor social media usage「ソーシャルメディア（SNS）の使い方を監視する」のように使われます。現代では欠かせない単語です。

選択肢 Check

(A) recall「思い出す」
本来「元の場所に (re) 呼ぶ (call)」で、「記憶を呼び戻す」→「思い出す」となりました。日本語の「リコール」は「（不良品などの）回収」のイメージが強いかもしれませんが、これも「不良品を元の場所に呼び戻す」→「回収する」ということです。
(B) confirm「確認する」
(C) fulfill「満たす・実行する」

本来は「十分に (ful = full) 満たす (fill)」です。
fulfill demand = meet demand「需要・要求を満たす」や、fulfill the requirements = meet the requirements「必要条件を満たす」が Part 5 でよく狙われます。
(D) monitor「監視する・チェックする」

□ **office** 会社・オフィス／□ **meeting** 会議

Evans さんは、会議が明日の午前 10 時スタートであることを確認するために Gleeson さんの会社に電話をしました。

正解 **B**

問題

The old port area of East Barbosa has ------- been known for its historic lighthouse.

(A) large
(B) great
(C) long
(D) full

ここで
解く！　　The old port area of East Barbosa has ------- been known for its historic lighthouse.

核心 17　　副詞の long「長く・長い間」　Part 2 Part 3 Part 4 Part 7

The old port area of East Barbosa「東バルボサの古い港湾区域」が S、has ------- been known が V です。現在完了形 + 受動態（have been p.p.）の形で文構造はすでに完成しているので、空所には「（文法上）なくても OK な品詞」＝「副詞」が入ると考えます。

(C) long「長く・長い間」を選んで、has <u>long</u> been known for ~「~で長い間知られている」とすれば OK です。形容詞で有名な long ですが、今回の long は副詞で、否定文や疑問文でよく使われます（例：How long have you been working here?「ここでどのくらい働いている？」）。肯定文では、今回のように完了形で、かつ文の間で使われることが多いです。

選択肢を先に見て語彙問題と思い込み、文の「意味」だけに注目すると面倒ですが、実は「品詞」の観点から考えることで、すぐに正解を選べます。今回の選択肢の中で「副詞」は (C) long だけです。

隠れポイント17 be known for ~

be known for ~「~で有名だ」では、for が「**理由**」を表しています。~ has long been known <u>for</u> its historic lighthouse「~は長い間、その歴史ある灯台（が理由）で有名だ」ということです。他の be known のパターンも確認しておきましょう。

【be known の 3 パターン】
① be known to ~「~に知られている」　※「方向・到達」の to
② be known for ~「~で有名だ」　　　※「理由」の for
③ be known as ~「~として有名だ」　※「イコール」の as

ちなみに、lighthouse「光（light）を提供する建物（house）」→「灯台」も大事な単語です。普段はあまり「灯台」という言葉は使わないと思いますが、TOEIC では頻出で、「観光名所」だったり、「灯台の修復」の話もよく出てきます。

選択肢 Check

(A) large 形「大きい」
(B) great 形「偉大な」
(C) long 副「長い間」

(D) full 形「いっぱいの」
be full of ~「~でいっぱいだ」
という熟語が大事です。

□ port　港／□ area　区域／□ be known for ~　~で有名だ／
□ historic　歴史上有名な・歴史に残る／□ lighthouse　灯台

東バルボサの古い港湾区域は、長い間、その歴史ある灯台で有名です。

正解 C

問題

This weekend, Ellinwood Gifts will be ------- a 20 percent discount on all its scented candle products.

(A) offering
(B) qualifying
(C) deserving
(D) engaging

ここで
解く！

This weekend, **Ellinwood Gifts will be ------- a 20 percent discount** on all its scented candle products.

核心 18　offer a discount 「割引する」

Ellinwood Gifts が S、will be ------- が V、a 20 percent discount on ~ が O です。discount「割引」と相性が良い単語は (A) offering で、offer a discount「割引を提供する」→「割引する」という TOEIC 頻出表現になります。

今 回 は 間 に 20 percent が 入 り、will be offering a 20 percent discount on ~「~を 20%割引する予定」です。on は「接触」→「意識の接触（~について）」を表し、offer a ○○ percent discount on ~ で直訳「~について○○%の割引を提供する」→「~を○○%割引する」となるわけです。

なお、未来進行形（will be -ing）は文法書ではマイナーな扱いを

受けがちですが、TOEIC では超頻出で、「このまま（順調に事が進めば、当然）〜する流れになるだろう」という感じでよく使われます。

隠れポイント 18　discount 関係の表現を整理

今回は discount と相性の良い単語を考えれば、一瞬で解くことができます。TOEIC で「割引」の話題は定番なので、discount を使った表現を確認しておきましょう。

【discount を使った頻出表現】

□ offer[give/make] a discount「割引する」

□ give 人 a discount「人 に割引する」
　※直訳「人 に〜の割引を提供する［与える］」

□ receive[get] a discount「割引してもらう」
　※直訳「割引を受け取る［得る］」

□ at a huge discount「大幅値引きで」

選択肢 Check

(A) offer 動「提供する」の -ing 形
(B) qualify 動「資格を与える」の -ing 形
「何らかの質（quality）があると認める」→「資格を与える」です。
(C) deserve 動「値する」の -ing 形
「完全に（de）役立つ（serve）」→「価値がある」です。deserve 物「物 に値する」以外に、deserve to do「〜するに値する」

の使い方も大切です。
(D) engage 動「従事させる・婚約させる」の -ing 形
「気持ちを中に（en = in）引きこんで、関わらせる」から、「巻き込む」イメージで、TOEIC では「仕事に巻き込む」→「従事させる」の意味が大事です（be engaged in 〜「〜に従事させられている」→「〜に従事している」が重要）。

□ **scented**　香りつきの・いいにおいのする　※ scent「香り」は sense「感覚」と同じ語源です。嗅覚は人間の感覚の中でも特に重要なものであり、「感じ取る」ことと深い関わりがあるわけです。／□ **candle**　ろうそく・キャンドル

Ellinwood Gifts では今週末、香りつきのキャンドルが全品 20%引きになる予定です。

正解 A

019. One reason customers keep coming back to Pisa Pizzeria is that they can choose from a huge ------- of toppings.

(A) connection
(B) unity
(C) variety
(D) placement

020. Patricia Buckley has been selling raffle tickets to ------- money for the restoration of local historical buildings.

(A) support
(B) enlarge
(C) extend
(D) raise

021. Acting on the ------- of his physician, Darrell King has started jogging three times a week.

(A) progress
(B) attempt
(C) advice
(D) advance

022. During the Monterey Parade, shops and restaurants along Sherwood Avenue were much busier than -------.

(A) probably
(B) familiar
(C) previous
(D) usual

023. Under strict time constraints, the staff had to complete the laboratory experiment without -------.

(A) delay
(B) split
(C) wait
(D) meantime

024. Eagleton City is promoting the use of bicycles in an ------- to reduce traffic congestion and improve air quality.

(A) opinion
(B) issue
(C) achievement
(D) effort

解答・解説 ▶ p. 060-071

One reason customers keep coming back to Pisa Pizzeria is that they can choose from a huge ------- of toppings.

(A) connection
(B) unity
(C) variety
(D) placement

ここで解く！

One reason customers keep coming back to Pisa Pizzeria is that they can choose from a huge ------- of toppings.

核心 19　「多様な〜」を表す頻出表現　Part 3 Part 4 Part 7

全体は One reason 〜 is that ... 「〜する 1 つの理由は…だ」の形です。後半の that 節中は they が s、can choose が v、from a huge ------- of toppings は「トッピングを選べる範囲」だと考えます。

空所前後の a huge と of に注目して、(C) variety「多様さ」を選べば OK です。「バラエティー（variety）番組」とは、「トークや歌など多様性がある番組」のことですね。a variety of 〜「多様な〜・さまざまな〜」という表現で、今回は間に huge「莫大な」が入っています。

Part 4・7 ではお店の広告で「多様な品揃え」をアピールすることがよくあり、その際に多用される表現をセットで押さえておきましょう。

【a wide 名詞 of ~「多様な~」を表す TOEIC 頻出表現】
□ a wide variety[range] of ~「多様な~・さまざまな~」
□ a wide selection of ~「幅広い品揃えの~」
□ a wide array of ~「幅広い~」

隠れポイント 19 関係副詞と choose の使い方

文 の S は One reason (why) customers keep coming back to Pisa Pizzeria「客が Pisa Pizzeria に通い続ける理由の 1 つ」で、関係副詞 why が省略されています。関係副詞の省略について、「the way と how のどちらかは必ず省略する」と知っている人は多いのですが、実際には how 以外でも典型的な先行詞の場合（the time [when] ~、the reason [why] ~ など）はよく省略されます。

また、choose は choose O「O を選ぶ」という他動詞の他に、自動詞で choose from ~「~から選ぶ」の形もアリです。ちなみに、名詞形 choice「選択」は日本語でも「チョイス」と使われています。

選択肢 Check

(A) connection「つながり」
「あの会社にコネ（コネクション）がある」とは、「人とつながりがある」という意味です。

(B) unity「統合・統合」
動詞 unite「結合する・統合する」は、アメリカの正式名 United States of America にも使われて

います（アメリカはいくつもの州が「統合」されて 1 つの国になっていますね）。その名詞形です。

(C) variety「多様さ」

(D) placement「配置・置くこと」
place には名詞「場所」だけでなく、動詞「置く・配置する」もあります。その名詞形です。

□ **customer** 顧客／□ **keep -ing** ~し続ける／□ **come back to ~** ~に戻ってくる／□ **topping** トッピング

客が Pisa Pizzeria に通い続ける理由の 1 つに、多種多様なトッピングから選べるということがあります。

正解 C

問題

Patricia Buckley has been selling raffle tickets to ------- money for the restoration of local historical buildings.

(A) support
(B) enlarge
(C) extend
(D) raise

ここで解く！

Patricia Buckley has been selling raffle tickets to ------- money for the restoration of local historical buildings.

核心 20　raise は本来「上げる」

Patricia Buckley が S、has been selling が V、raffle tickets「慈善福引・くじの券」が O です。その後の to ------- money for ~ は、不定詞の副詞的用法で「目的（〜するために）」を表していると考えます。

「〜の資金を ------- ために慈善福引を売っている」という文意に合うのは、(D) raise「（お金を）集める」です。raise money「お金を集める」は TOEIC 超頻出の表現です。

> 【多義語 raise　核心：上げる】
> ① 上げる・取り上げる　　② 育てる　　③ （お金を）集める

raise は本来「上げる」で（raise your hand「手を上げる」が有名）、

そこから「親が子どもの年齢を<u>上げる</u>」→「育てる」、「集めたお金を<u>積み上げる</u>」→「（お金を）集める」となりました（21ページ）。

ちなみに、TOEICでは fundraising event「資金集めのためのイベント」が頻繁に開かれますが、fundraising は「資金（fund）を集める（raising）」→「資金集め（の）」ということですね。

隠れポイント⑳ restore をチェック

raise money for ~「～のためのお金を集める」の後ろにある restoration「修復」も TOEIC重要単語です。動詞 restore は「再び（re）元の形に戻す」→「修復する」で、その名詞形が restoration「修復」です。TOEICでは、あらゆるものが「改装・修復で使えない」状況が頻繁に生じますので、必ずチェックしておきましょう。

選択肢 Check

(A) support「支える」
日本語でも「支える」ことを「サポートする」と言います。また、Jリーグの「サポーター」とは「チームを支持・応援する人」です。

(B) enlarge「拡大する」
"en"には動詞を作る働きがあり、enlarge は「大きい（large）状態にする（en）」→「拡大する」です。

(C) extend「延ばす」
「付け毛」を「エクステ」と言いますが、これは extension「拡張」のことです。その動詞形が extend「延ばす」です。

(D) raise「（お金を）集める」

□ **raffle ticket** ラッフルチケット・慈善福引 ※raffle は「富くじ」で、主に「慈善事業などの資金集めのためのくじ」を指します。／□ **restoration** 修復・復旧／□ **local** 地元の・地域の／□ **historical** 歴史的な

Patricia Buckley は、地元の歴史的建造物の修復を行う資金を集めるために、ラッフルチケット（慈善福引）を売り続けています。 正解 D

問題

Acting on the ------- of his physician, Darrell King
has started jogging three times a week.

(A) progress
(B) attempt
(C) advice
(D) advance

ここで
解く！　　Acting on the ------- of his physician, Darrell King
has started jogging three times a week.

核心 21　act on ~「～に従って行動する」

文頭 Acting ~ は分詞構文です。「医者の ------- に従って、ジョギン
グを始めた」という流れに合うのは、(C) advice「アドバイス」です。
advice の意味は簡単ですが、以下の 2 点に注意しておきましょう。

(1) 名詞 advice vs. 動詞 advise

advice は名詞「アドバイス」ですが、advise は動詞「アドバイスする・
勧める」です。advise の発音は「アドバイ<u>ズ</u>」となります。

(2) advice は「不可算名詞」

英語では「ハッキリとした形がない」ものは 1 つひとつ数えないため、
冠詞の a / an や複数の s はつきません。日本語では「アドバイスを
1 つ」は自然な言い方ですが、英語の advice は「ハッキリした形が
ない（目に見えない）」→「不可算名詞」という発想になります。

隠れポイント 21 「依存・土台」を表す on

on の核心は「接触」です（重力の関係で「上」にあることが多い
だけで、上下左右どこでも「接触」していれば on が使えます）。そ
して、「心の接触」→「**依存（〜に頼って）・土台（〜を土台にして）**」
の意味が生まれました。

act on 〜 は、直訳「〜に依存して・〜を土台にして（on 〜）行動す
る（act）」→「〜に従って行動する」となるわけです。act on the
advice of 〜 / act on one's advice「〜のアドバイスに従って行動する」
という表現がよく使われます。

ちなみに、分詞構文の訳し方として文法書では 5 つ（時・理由・条件・
譲歩・付帯状況）が羅列されがちですが、**文頭・文中にあるときは「適
当に」訳す**（「〜して・〜で」など）、**文末にあるときは「そして〜」
「〜しながら」**と考えれば、大体の意味はとれてしまいます。今回は
文頭にきているので、「医者のアドバイスに従っ<u>て</u>、〜」と考えれば
OK ですね。

選択肢 Check

(A) progress「進歩」
「前へ（pro）歩く（gress）」→「進
歩・前進」で、advice と同じく
不可算名詞です。具体的な小さな
変化・進歩をまとめて表すため、「1
つひとつを数えない」→「不可算
名詞」になります。
(B) attempt「試み」
動詞としては attempt to *do*「〜

しようと試みる」、名詞としては
an attempt to *do*「〜しようと
する試み」の形でよく使われます。
(C) advice「アドバイス」
(D) advance「進歩」
progress と異なり、advance は
進歩の「一歩一歩」を意識し、具
体的な「1 つの進歩」を表すので
可算名詞です。

□ **act on 〜** 〜に従って行動する／□ **physician** 医師・内科医／
□ **jogging** ジョギング／□ **a** 〜につき

Darrell King は医師のアドバイスに従って、週に 3 回のジョギングを始
めました。

正解 C

問 題

During the Monterey Parade, shops and restaurants along Sherwood Avenue were much busier than -------.

(A) probably
(B) familiar
(C) previous
(D) usual

ここで
解く！

During the Monterey Parade, **shops and restaurants** along Sherwood Avenue **were** much busier than -------.

核心 22　「いつもより」を表す頻出表現　Part 3　Part 4　Part 7

shops and restaurants along Sherwood Avenue「Sherwood 通り沿いの店やレストラン」が S、were が V、much busier が C です。

空所直前の much busier than に注目して、比較級 than usual「いつもより 比較級 だ」の形にすれば OK です。much は比較級を強調して「はるかに」を表し、~ were much busier than usual「~はいつもよりはるかに混雑していた」となります。

関連する比較級を使った表現を確認しておきましょう。TOEIC では「予定の変更」や「トラブル」が頻繁に起こるので、「思っていたより～だ」「予定より～だ」という表現は重要です。

(1) 「(私が)思ったより～だ」
① 比較級 than I (had) expected / 比較級 than I (had) thought
② 比較級 than expected
(2) 「予定より～だ」
① 比較級 than planned　　② 比較級 than scheduled

隠れポイント 22　busy は「やかましい」イメージ

今回は busy が「混雑して」の意味で使われました。「忙しい」の意味で有名な busy ですが、核心は「やかましい」です。

【多義語 busy　核心：やかましい】
① 忙しい　　　　　　　② にぎやかな・人や車が多い・混雑して
③ (電話が) 話し中で　※電話がガンガン鳴ってやかましいイメージ

「やかましく動いている」→「忙しい」、「人や車でやかましい」→「にぎやかな・人や車が多い・混雑して」、「電話線の中がやかましい」→「(電話が) 話し中で」となりました。

選択肢 Check

(A) probably「おそらく」
形容詞 probable は「証明 (prob = prove) できる (able)」→「ありそうな」で、その副詞形が probably「おそらく」です。
(B) familiar「よく知っている」
「家族 (family) のように慣れ親しんだ」→「よく知っている」となりました。be familiar with ～

「～をよく知っている・～に精通している」の形が頻出です。
(C) previous「前の」
「前」を表す "pre" に注目すれば OK です。比較級 than before「以前よりも～だ」の形は頻出ですが、before の代わりに previous は使えません。
(D) usual「いつもの」

□ **along**　～に沿って／□ **avenue**　大通り

Monterey パレードの間、Sherwood 通り沿いの店やレストランはいつもよりかなり混雑していました。　　**正解** D

問 題

Under strict time constraints, the staff had to complete the laboratory experiment without -------.

(A) delay
(B) split
(C) wait
(D) meantime

ここで
解く！　Under strict time constraints, **the staff had to complete** the laboratory **experiment without** -------.

核心 23　without delay 「遅れることなく」

the staff had to complete the laboratory experiment「その所員は実験を終わらせなければならなかった」で文（SVO）は完成しており、without ------- が副詞のカタマリになると考えます。

「------- なく実験を終わらせなければならなかった」という文意に合うのは、(A) delay「遅れ」です。de は強調、lay が「置く」なので、**delay は「ずっとそのまま置かれて、先に進まない」→「遅れ」**となります。without delay「遅れることなく」はよく使われる表現です。

隠れポイント 23　constrain は「強く（con）結ぶ・締め付ける（strain）」

文頭の Under strict time constraints「厳しい時間制限のもとで」で使われている constraint「制約・制限」は、高得点を狙う人は押さえておきたい単語です。

動詞 constrain は「強く（con）結ぶ・締め付ける（strain）」→「強いる・規制する」で、名詞 constraint は「規制すること」→「制約・制限」となりました。"stra・stre" には「結ぶ・締め付ける」といった意味があり、stress「ストレス」も本来は「メンタルが締め付けられる」ということなんです。

ちなみに、under は「（上から覆われて）下にある」というイメージから、「被支配（〜の下で）・影響（〜の影響を受けて）」の意味があります。今回は「厳しい時間制限に支配されて・影響を受けて」→「厳しい時間制限のもとで」ということです。

選択肢 Check

(A) delay「遅れ」
(B) split「分裂」
ボーリングで「ピンとピンが割れたように残ること」を「スプリット」と言います。
(C) wait「待機」
名詞で「待つこと・待機」の意味がありますが、この場合は冠詞などが必要なのでアウトだと判断できます。何より、without delay「遅れることなく」という頻出表

現を押さえることが大事です。
(D) meantime「合間」
mean には「意味する」以外に名詞で「中間」という意味があり、meantime は「中間の（mean）時間（time）」→「合間」となりました。in the meantime「その間の中で」→「その間」という表現が大事です（発展として「その一方で」の意味もあります）。

□ **strict**　厳しい・厳格な／□ **staff**　所員・スタッフ／□ **complete**　終わらせる／□ **laboratory experiment**　（制御された）実験

その所員は、厳しい時間制限のもとで、遅れることなく実験を終わらせなければなりませんでした。　　正解　A

問題

Eagleton City is promoting the use of bicycles in an ------- to reduce traffic congestion and improve air quality.

(A) opinion
(B) issue
(C) achievement
(D) effort

ここで解く！　Eagleton City is promoting the use of bicycles in an ------- to reduce traffic congestion and improve air quality.

核心 24　in an effort to *do*「〜しようと努力して」

Eagleton City が S、is promoting が V で、the use of bicycles が O です。in an ------- to 〜 は副詞のカタマリになると考えます。空所前後の in an と to に注目して、in an effort to *do*「〜しようと努力して」という表現にすれば OK です。

effort は本来「外に (ex) 力 (fort = force) を出す」→「努力」です。to 不定詞は「未来志向（これから〜する）」を表すので、in an effort to *do* で「これから〜する (to) 努力 (effort) の中で (in)」→「〜しようと努力して」となります。

TOEIC では「渋滞」が よく起こる！

後半の traffic congestion「交通渋滞」も TOEIC で大事な表現です。congest は「一緒に（con）運ぶ（gest）」→「混雑させる」で、その名詞形が congestion「混雑・渋滞」です。

Part 4 のラジオニュースで「交通渋滞」を伝えたり、Part 7 のチャット形式の問題で「渋滞で遅れそう」と連絡したりすることがよくあるので、「交通渋滞」を表す表現をチェックしておきましょう。

【「交通渋滞」を表す頻出表現】

☐ a traffic jam / traffic congestion「交通渋滞」

　※ jam は「グチャッと混ぜる」イメージで、a traffic jam は「車がグチャッと混ざった状態」→「交通渋滞」

☐ The road was congested.「道路が渋滞していた」

☐ The traffic is heavy.「交通量が多い」

　※ traffic は「交通量」という意味で、「量が重い」という発想から heavy が使われる。渋滞中、車の流れがドロ〜っと重いイメージ。

☐ The street is busy.「通りに人や車が多い」　※ busy は 67 ページ

選択肢 Check

(A) opinion「意見」 ※ 40 ページ
(B) issue「問題・議題」
「（突然何かが）ポンッと出てくる」というイメージで、「ポンッと出てくる」→「（突然現れた）問題・論争」です。※他の意味は 99 ページ。

(C) achievement「達成」
動詞 achieve「達成する」の名詞形です。塾などで「到達度テスト」のことを「アチーブメントテスト」と言うことがあります。
(D) effort「努力」

☐ **promote** 奨励する・促進する／☐ **reduce** 減らす／☐ **improve** 改善する／☐ **quality** 質

Eagleton 市は交通渋滞を減らし、空気の質を上げる努力の一環として自転車の使用を奨励しています。 **正解** **D**

025. Thanks to the hard work of so many volunteers, the park landscaping project was completed ------- schedule.

(A) ahead of
(B) rather than
(C) aside from
(D) in fact

026. GNG Limited's report is ------- on an analysis of hair samples from 388 regular users of its shampoo products.

(A) basis
(B) based
(C) base
(D) basing

027. Because spaces are -------, anyone wishing to attend the mindfulness workshop should sign up as soon as possible.

(A) incomplete
(B) limited
(C) removable
(D) flawed

028. The ------- of Mr. Ludwig's experiment was to determine which cleanser is most effective in removing stains.

(A) indication
(B) purpose
(C) prediction
(D) behavior

029. The staff of Smartcan Systems will ------- in the twelfth annual Brisbane Coastline Cleanup on Saturday.

(A) participate
(B) relieve
(C) coincide
(D) uphold

030. Sylvia Bartley was grateful for the ------- to share her new product ideas with the president.

(A) opportunity
(B) maneuver
(C) significance
(D) consequence

解答・解説 ▶ p. 074-085

問題

Thanks to the hard work of so many volunteers, the park landscaping project was completed ------- schedule.

(A) ahead of
(B) rather than
(C) aside from
(D) in fact

ここで解く！

Thanks to the hard work of so many volunteers, the park landscaping project was completed ------- schedule.

核心 25　ahead of schedule 「予定より早く」

文頭は Thanks to ~「～のおかげで」、コンマ後は the park landscaping project「公園の修景計画」が S、was completed「完了した」が V で、------- schedule と続いています。

空所直後の schedule と相性が良いのは、(A) ahead of ~「～の前に・～より早く」です。ahead は「頭（head）の方へ（a）」→「前に・先に」で、ahead of schedule「予定より早く」という頻出表現になります。

ちなみに、この逆は behind schedule「予定より遅れて」です。behind は本来「背後」を表し、「時間的な背後」→「遅れて」となりました。

隠れポイント 25 前置詞を使った「因果表現」

文頭 Thanks to ~「~のおかげで」のように、「因果関係」を表す表現はとても大事です。ビジネスで「問題の原因を突きとめる」「結果を分析する」ことは重要で、TOEIC でもよく問われます。「前置詞」を使った因果表現をチェックしておきましょう。

【「~が原因で」を表す因果表現】
□ because of 原因　　□ due to 原因　　□ owing to 原因
□ on account of 原因　※直訳「~という説明（account）に基づいて（on）」
□ as a result of 原因
　　cf. 原因. As a result, 結果.「原因だ。その結果として結果だ」
□ through 原因
□ what with A and B「A やら B やらで」　※マイナスの理由を述べる
= □ because of A and B
□ thanks to 原因　※主にプラスの原因に使う

選択肢 Check

(A) ahead of「~より前に」
(B) rather than「~よりむしろ・~ではなく」
A rather than B で、「B よりむしろ A・B ではなく A」となります。
(C) aside from「~を除いて・~の他に」
aside は「わき（side）へ（a）」で、

aside from ~「~からわきへ離れて」→「~を除いて・~の他に」となりました。
(D) in fact「実際に」
「実際に」という訳語が有名ですが、前の文と反対の意見を述べて「しかし実際は・実際はそれどころではなく」の意味も大事です。

□ **landscaping**　修景・造園　※ landscape「風景」は land「土地」に注目すれば覚えやすいと思います。landscaping は「風景・庭を作ること」→「造園・庭造り」です。／□ **complete**　完了させる

とても多くのボランティアの懸命な働きのおかげで、公園の修景計画は予定より早く完了しました。

正解 A

問題

GNG Limited's report is ------- on an analysis of hair samples from 388 regular users of its shampoo products.

(A) basis
(B) based
(C) base
(D) basing

ここで
解く！

GNG Limited's report is ------- on an analysis of hair samples from 388 regular users of its shampoo products.

核心 26　be based on ~ 「～に基づいている」

空所前後の is と on に注目して、be based on ~「～に基づいている」という表現にします。on は本来「接触」で、そこから「心の接触」→「依存（～に頼って）・土台（～を土台にして）」の意味が生まれました（65 ページにも出てきましたね）。

A is based on B「A は B に基づいている」も、「A は B に頼っている・B を土台にしている」イメージです。本来は base A on B「A を B に基づかせる」で、受動態 A is based on B「A は B に基づかせられる」→「A は B に基づいている」の形でよく使われます。

ちなみに、この「土台の on」は、on the condition of[that] ~「～という条件に基づいて」→「～の条件で」、on the grounds of[that]

~「～という根拠・理由に基づいて」→「～という理由で」、on account of ~「～という説明に基づいて」→「～が原因で」などでも使われています。

隠れポイント 26 Limited は「株式会社」を表す

文頭の GNG Limited「GNG 株式会社」で使われている Limited は、「株式会社・有限責任会社」を表します。こういった「会社・企業」を表す表現が設問に関わることはありませんが、知らないと「会社・企業」のことだとわからず混乱する可能性があります。よく出てくる表記を確認しておきましょう。

【「会社・企業」を表す単語】※ざっくり「会社・企業」と考えれば OK
☐ Co.(= Company)「会社」
☐ Corp.(= Corporation)「株式会社」
☐ Ltd.(= Limited)「株式会社・有限責任会社」
☐ Inc.(= Incorporated)「法人企業」 ※映画『モンスターズ・インク』の
　 原題は "Monsters, Inc." で、「モンスターが働いている企業」の話です。

選択肢 Check

(A) basis 名「基礎」

(C) base 動の原形／名「土台」

(B) base 動「基礎とする」の過去形・過去分詞形

(D) base 動の -ing 形

☐ **report** 報告書・レポート／☐ **analysis** 分析 ※ニュース番組で「経済アナリスト」という肩書きの人をよく見ますが、これは「経済を分析する人・経済評論家」という意味です。動詞 analyze「分析する」、名詞 analysis「分析」・analyst「分析者・評論家」をセットで押さえておきましょう。／☐ **sample** サンプル・試料／☐ **regular user** 常用者・よく使っている人

GNG 株式会社の報告書は、同社のシャンプー製品を日常的に使っている 388 人から採取された毛髪サンプルの分析に基づいています。

 正解 B

問 題

Because spaces are -------, anyone wishing to attend the mindfulness workshop should sign up as soon as possible.

(A) incomplete
(B) limited
(C) removable
(D) flawed

ここで
解く！ Because spaces are -------, anyone wishing to attend the mindfulness workshop should sign up as soon as possible.

🎯 **核心 27** 「（スペースが）限られている」を表すには？

英文全体は Because sv, SV. の形です。主節は「ワークショップにできるだけ早く申し込むべき」という内容で、Because 節はその理由になるはずです。

(B) limited を選んで、Because spaces are limited「スペースが限られているので」とすれば OK です。limit「制限／制限する」は「タイムリミット」＝「時間の制限・限界」などで使われていますね。be limited で「制限されている」→「限られている」です（limited はよく使われるので、辞書には形容詞「限られた」として載っています）。

隠れポイント 27 sign up「申し込む」

主節は anyone <u>wishing to attend the mindfulness workshop</u>「マインドフルネスワークショップへの参加を希望する方」が S で、現在分詞の wishing to ~ が anyone を後ろから修飾しています（wish は「これから~したいと思う」という未来志向なので、後ろに to 不定詞をとります）。

should sign up「申し込むべき」が V で、as soon as possible「できるだけ早く」と続いています。sign up は「署名する」→「（申し込み用紙に署名して）申し込む」となりました。TOEIC 超頻出熟語で、sign up for ~「~に申し込む」もよく使われます。

また、as ~ as possible は「できるだけ~」という慣用表現です。as soon as possible はあまりによく使われるので、"ASAP" と表記することもあります。

選択肢 Check

(A) incomplete「不完全な」
complete には動詞「完了させる」だけでなく、形容詞「完全な・完了した」もあります。それに否定の "in" がついて、incomplete「不完全な」となりました。
(B) limited「限られた」
(C) removable「取り外し可能な」
動詞 remove は「再び（re）動かす（move）」→「移動させる」→

「取り除く」です。そこに「受動・可能」を表す "-able" がついて、removable「取り除かれることができる」→「取り外し可能な」となりました。
(D) flawed「傷のある・欠点のある」
flaw は本来「傷」という意味で、「傷」→「欠点」となりました。flawed はその形容詞形です。

□ **attend** 参加する／□ **mindfulness** マインドフルネス（瞑想に近いもの）／□ **workshop** ワークショップ・セミナー／□ **sign up** 申し込む・登録する／□ **as soon as possible** できるだけ早く

スペースが限られているので、マインドフルネスワークショップへの参加を希望する方はできるだけ早く申し込んでください。

正解 **B**

問題

The ------- of Mr. Ludwig's experiment was to determine which cleanser is most effective in removing stains.

(A) indication
(B) purpose
(C) prediction
(D) behavior

ここで
解く！

The ------- of Mr. Ludwig's **experiment was to determine** which cleanser is most effective in removing stains.

◎ 核心 28　**The purpose of ~「〜の目的」**

The ------- of Mr. Ludwig's experiment が S、was が V、to determine which ~ が C と考えます。第 2 文型（SVC）で "S = C" の関係になるはずなので、「Ludwig の実験の -------」＝「どの洗剤が最も効果的かを明らかにすること」という関係を考えます。

(B) purpose「目的」を選んで、The purpose of ~「〜の目的」とすれば OK です。今回の The purpose of ~ is to ...「〜の目的は…することだ」の形はよく使われます。ちなみに purpose は、Part 3・4 や Part 7 の設問で What is the purpose of the e-mail?「E メールの目的は何ですか？」でおなじみです。

隠れポイント28 「ステンレス」とは
「stain が less」ということ

Part 7

文末の stain「染み・汚れ」は大事な単語で、「ステンレス (stainless)」とは「汚れ (stain) がない (less)」という意味です。歯磨き粉のCM で、「(コーヒーなどが原因の) 歯の汚れ」を「ステイン」と言っているのを聞いたことがあるかもしれません。

ちなみに、to 以下は determine which cleanser is most effective in ~「どの洗剤が~するのに最も効果的かを明らかにする」で、このwhich は「疑問形容詞」です。"which + 名詞"の形で直後の名詞を修飾している (= 形容詞の働き) ので、「疑問形容詞」と呼ばれます。

今回は直後の cleanser を修飾して、which cleanser「どの洗剤」となっています。which is most effective「どれが最も効果的か」だと漠然としているので、which cleanser is most effective「どの洗剤が最も効果的か」と具体化する感覚です。

※その後の in ~ は「範囲・分野 (~において)」を表しています。

選択肢 Check

(A) indication「示唆・暗示・兆候」
"dic" は「言う」という意味で (dictionary は「言葉の書物」)、indication は「何かを言う・示すもの」となります。
(B) purpose「目的」
(C) prediction「予測・予言」
predict は「前もって (pre) 言う

(dict)」→「予言する・予測する」で、その名詞形が prediction です。
(D) behavior「行動・振る舞い・態度」
「行動」と訳されることが多いのですが、実際には「その場での立ち振る舞い」の意味で使われます。

□ **experiment** 実験／□ **determine** 確定する・見極める・測定する／
□ **cleanser** 洗剤／□ **effective** 効果的な・効果のある

Ludwig さんの実験の目的は、どの洗剤が染みを落とすのに最も効果的かを明らかにすることでした。

正解 B

問題

The staff of Smartcan Systems will ------- in the twelfth annual Brisbane Coastline Cleanup on Saturday.

(A) participate
(B) relieve
(C) coincide
(D) uphold

ここで
解く！　The staff of Smartcan Systems will ------- in the twelfth annual Brisbane Coastline Cleanup on Saturday.

核心 29　participate in ~ = take part in ~

The staff of Smartcan Systems が S、will ------- in が V で、the twelfth annual Brisbane Coastline Cleanup が O になります。空所直後の in に注目して、(A) participate を選べば OK です。

participate in ~「～に参加する」の形で、will <u>participate in</u> the twelfth annual ~「12回目になる、毎年恒例の～に参加する予定」となります。<u>participate</u> は「何かの一部（part）になる」→「参加する」です。直後に in をとって、「何かの中に入っていく」イメージになります。

また、participate in ~ = take part in ~「～に参加する」の言い換えも大切です。take part in ~ は、直訳「一部（part）を取り（take）、

～の中に入る（in）」→「～に参加する」となりました。

隠れポイント 29 Part 4 と Part 7 で超重要な annual

空所後でチェックしてほしいのが、annual「毎年恒例の・年に 1 回の」です（副詞形は annually「毎年・年に 1 回」）。

Part 4・7 では**本文で annual・annually が使われ、「毎年行われている」という選択肢が正解になる**ことが頻繁にあります。たとえば、本文で annual が使われ、It is held every year.「毎年開かれている」といった選択肢が正解になることがよくあるのです。

その後の coastline は「海岸（coast）の線（line）」→「海岸線・沿岸線地域」です。また cleanup「掃除・清掃活動」は、clean up「完全に（up）片付ける（clean）」という熟語がくっついて名詞になったものです。

選択肢 Check

(A) participate「参加する」
(B) relieve「取り除く・安心させる」
本来「取り除く」という意味で、「不安を取り除く」→「安心させる」となりました。relieve 人 of 物「人 から 物（不安）を奪う」→「人 を安心させる」の形が大事です（of は「分離」を表しています）。
(C) coincide「同時に起こる」
形容詞 coincident は「一緒に（co）

出来事（incident）が起こる」→「同時に起こる」です。coincide with ～「～と同時に起こる・～と一致する」の形を押さえておきましょう。
(D) uphold「支持する・維持する」
hold up の語順が入れ替わって uphold という単語が生まれました。「ホールドする」→「支持する・維持する」と考えれば OK です。

□ **staff** 従業員／□ **annual** 毎年恒例の・年に 1 回の／□ **coastline** 海岸線／□ **cleanup** 掃除・清掃活動

Smartcan Systems の従業員は土曜に、12 回目になる、毎年恒例の Brisbane 海岸線の清掃活動に参加する予定です。 **正解 A**

問題

Sylvia Bartley was grateful for the ------- to share her new product ideas with the president.

(A) opportunity
(B) maneuver
(C) significance
(D) consequence

ここで
解く!　Sylvia Bartley was grateful for the ------- to share her new product ideas with the president.

核心 30　opportunity to *do*「〜する機会」

be grateful for ~「〜に感謝している」の後ろに、the ------- to ~ と続いています。感謝する対象として適切で、かつ直後に to をよくとる (A) opportunity「機会」を選べば OK です。

opportunity の port は「港」で、**本来は「港に都合のよい風が吹くような（チャンス）」という意味でした**。今回のように、opportunity to *do*「〜するチャンス・機会」の形が大事です（この to は「（不定詞の形容詞的用法の）同格」と呼ばれる用法）。

【to をとる特定の名詞】※関係副詞の先行詞が多い！
時：time「時間」/ chance・opportunity「機会」

場所：place「場所」

手段：way「方法」/ money「お金」 ※ money は「物を買う手段」

隠れポイント30 「感謝する」関連の表現 Part4 Part7

be grateful for ~「~に感謝している」以外にも、「感謝する」を表す表現はたくさんあります。TOEIC では「社員に感謝する」場面もよく出てきますので整理しておきましょう。

【「感謝する」の頻出表現】
① thank 人　　※ "Thank you." があまりにも有名ですね。
② appreciate 物　※ I would appreciate it if sv.「もし sv していただけたらありがたいのですが」(直訳「もし sv したら、そのこと (it) に感謝します」/ it は if 節の内容を受ける)
③ be thankful[grateful/indebted/obliged] to 人 for ~
　「~で 人 に感謝している」 ※ grateful は gratitude の形容詞
④ It's very kind[nice] of 人 to do「人 が~してくれるなんて優しい・~してくれてありがとう」 ※人の性格・性質を表す of

---

選択肢 Check

(A) opportunity「機会」
(B) maneuver「操る・操作する／作戦・策略」
"mane" は「手」を表し、maneuver は「手で動かす」→「操る・操作する」、「操作するための作戦」→「作戦・策略」です。
(C) significance「意義・重要性」

動詞 signify は「目印 (sign) になる」→「意味する」、形容詞 significant は「意味を示す」→「意義深い・重要な・かなりの」です。
(D) consequence「結果・影響」
「一緒に (con) 後ろに続く (sequence) もの」→「結果・影響」です。

□ **share A with B** A を B に伝える・A を B と共有する／□ **president** 社長

Sylvia Bartley は、自分が考えた新製品のアイディアを社長に伝えることのできる機会に感謝しました。

正解 A

なぜ単語を覚えられないのか?
—— リアリティの不足

英語学習において、中学生から社会人まで共通してある悩みが「英単語が覚えられない」です(ちなみに最近は小学生からも聞きます)。

まず私が考える最大の原因は「リアリティ不足」です。リアリティが薄い単語は覚えるのに苦労しますし、逆に鮮明なら簡単に覚えられます。

※以下、TOEICには出ないかもしれませんが、英語学習者として知っておいて損はない単語を例にします。

sneak「こそこそ動く」という難単語も、靴の「スニーカー」は「(ゴム底で足音が立たないので)こそこそ動くのに適した靴」という意味を知れば、覚える負担は激減するでしょう。

他にも、fasten「締める」は、「ファスナー(fastener)」から考えたり、飛行機、最近ではタクシー内でその表示を見たりすることで、ずっと忘れないだけのインパクトを得ることができます(Fasten your seatbelt while seated.「お座席ではシートベルトをご着用ください」と表示されている)。

また、choke「窒息させる・息苦しくさせる」という単語は、もし格闘技の「チョークスリーパー」を知っていれば、一発で覚えられます。格闘技に興味がない人も「ネックレスよりキツい首飾り」=「チョーカー(choker)」と聞けば、リアリティが増します。ここでどちらも興味がないと言われてしまうと、この単語に関しては覚えるしかないのですが、このように身近なものとの関連をお伝えすることは決して雑学ではなく、英語講師の大事な仕事だと思っています。

この本では、こういった発想もできるだけ取り入れて、みなさんが英単語にリアリティを持つきっかけを作っていきます。

Chapter **2**

進化が加速する
30問

031. Mr. Carson must develop his French language skills ------- before transferring to the company's branch in Marseille.

(A) away
(B) further
(C) already
(D) within

032. In order to ------- traffic congestion, the bus driver took an alternate route to the airport.

(A) oppose
(B) avoid
(C) relay
(D) admit

033. Restaurants on all Breezeway Cruise ships ------- both cash and credit payments.

(A) dispense
(B) function
(C) accept
(D) contribute

034. To ensure that your guitar is ------- during shipping, pack its case with plenty of cushioning.

    (A) protected
    (B) cautious
    (C) prominent
    (D) objective

035. In ------- to questions from the media, Kleinor Corp issued a statement about its relocation plans.

    (A) responded
    (B) to respond
    (C) response
    (D) responds

036. Visitors who have questions ------- attractions in Port Caspian should go to the Tourist Information Center.

    (A) about
    (B) every
    (C) throughout
    (D) among

解答・解説 ▶ p. 090-101

問題

Mr. Carson must develop his French language skills ------- before transferring to the company's branch in Marseille.

(A) away
(B) further
(C) already
(D) within

ここで
解く！

Mr. Carson must develop his French language skills ------- before transferring to the company's branch in Marseille.

核心 31　「（程度が）さらに・それ以上」を表す further

Mr. Carson が S、must develop が V、his French language skills が O で、空所には副詞が入ります。「フランス語の技能を ------- 養わなければならない」という文意に合うのは、(B) further「さらに・それ以上」です。

far は意味によって比較の変化が変わる単語で、「距離（遠く）」のときは far – farther – farthest、「程度」なら far – further – furthest です。今回は「程度」なので further が使われ、develop his French language skills <u>further</u>「フランス語の技能を<u>さらに</u>養わなければならない」となります。

「実際の距離」なら（far のつづりがそのまま残る）farther、「比喩

的な距離」なら further になると考えれば OK です（この区別はネイティブも守らないことがありますが、原則を押さえておきましょう）。

隠れポイント31 transfer の用法

英文全体は SV before -ing.「〜する前に SV だ」の形で、before 以下は transfer to ~「〜に異動する・移る」という表現が使われています。

transfer は「移動して（trans）運ぶ（fer）」→「移す・移る・乗り換える」です。"trans" は transmit「送る」などで、"fer" は ferry「フェリー（荷物を運ぶ船）」で使われています。**TOEIC では「会社を移る」→「転任する・異動する」の意味が大事です。**

今回は自動詞として使われましたが、他動詞としてもよく使われます。transfer 人 to ~「人 を〜に転任・異動させる」の受動態で、人 is transferred to ~「人 は〜に転任・異動させられる」→「人 は〜に転任・異動する」となるわけです。

また、transfer to の後ろには、branch「支店・支社」がきています。本来は「枝」で、そこから「枝分かれした店」→「支店・支社」となりました。こちらも TOEIC では欠かせない単語です。

選択肢 Check

(A) away 副「離れて」
(B) further 副「さらに・それ以上」

(C) already 副「すでに」
(D) within 前「〜以内に」

□ develop　向上させる・養う／□ skill　技能・力／□ transfer to ~　〜に異動する・移る／□ branch　支社

Carson さんは、マルセイユ支社に異動になる前にフランス語の技能をさらに養わなければなりません。

正解　B

問題

In order to ------- traffic congestion, the bus driver took an alternate route to the airport.

(A) oppose
(B) avoid
(C) relay
(D) admit

ここで
解く！

In order to ------- traffic congestion, the bus driver took an alternate route to the airport.

核心 32　TOEIC の典型的な英文　

空所前後は In order to *do*「〜するために」、traffic congestion「交通渋滞」です。コンマ後は、the bus driver took an alternate route to ~「バスの運転手は〜まで迂回路を通った」となっています。

「交通渋滞を ------- ために迂回路を通った」という文意に合うのは、(B) avoid「避ける」です。In order to avoid traffic congestion「交通渋滞を避けるために」となります。avoid は「離れて（a）空虚にする（void）」→「避ける」で、avoid -ing「〜するのを避ける」の形も押さえておきましょう。

隠れポイント 32 「交通渋滞」と「迂回路」を表す表現

avoid 自体は難しくありませんが、空所後の traffic congestion「交通渋滞」や an alternate route「迂回路」がポイントになります。

traffic congestion「交通渋滞」は 71 ページにも出てきましたね。今回のように「交通渋滞を避けるために迂回路を使う」という流れは Part 3・4 や Part 7 で定番なので、detour / alternative route / alternate route「迂回路」をセットで押さえておきましょう。

detour は「離れて（de）動く（tour：ツアー）」→「迂回路」となりました。また、alternative は「代わりの」という意味で、alternative route で「代わりの道」→「迂回路」です。alternate も alternative との混同から、alternative route = alternate route としてよく使われます。take は本来「取る」で、take an alternate route「迂回路を（交通経路として）取る」→「迂回路を通る［利用する］」となるわけです。

選択肢 Check

(A) oppose「反対する」
本来は「反対に（op）置く（pose）」です。oppose ~「～に反対する」以外に、be opposed to -ing「～することに反対する」の形でもよく使われます（この to は前置詞なので、後ろに -ing がきます）。
(B) avoid「避ける」
(C) relay「伝える」
「後ろに（re）置いていく・残す（lay）」→「伝える」です。
(D) admit「認める」
「（自分の過失を）認める」場合だけでなく、「（入ることを）認める」ときにも使えます。名詞形 admission は「入場・入学」で、admission fee「入場料」が頻出です。

□ **traffic congestion** 交通渋滞／□ **alternate route** 迂回路・代わりの道／□ **airport** 空港

バスの運転手は、交通渋滞を避けるために、空港まで迂回路を通りました。　正解 B

問題

Restaurants on all Breezeway Cruise ships -------
both cash and credit payments.

(A) dispense
(B) function
(C) accept
(D) contribute

ここで
解く！　Restaurants on all Breezeway Cruise ships -------
both cash and credit payments.

◎ **核心** 33 「認める」を表すには？　

Restaurants on all Breezeway Cruise ships「すべての Breezeway
Cruise 船のレストラン」が S、空所に V が入り、both cash and
credit payments が O になります。

「現金・クレジット払いの両方を -------」という文意に合うのは、
(C) accept「受け入れる・認める・受け付ける」です。accept の "cept"
は、receive の "ceive" と同じで「受け取る」を表しています。

後ろは both A and B「A と B 両方」の形で、accept both cash and
credit payments「現金払いとクレジット払いの両方を認めて（受け
付けて）いる」となります（等位接続詞の重要表現は 151 ページ）。

payment「支払い」は、動詞 pay「払う」の名詞形です。最近では、

スマホ決済の手段として「○○ペイ」とよく使われていますね（例：Apple Pay、LINE Pay、Google Pay）。

隠れポイント33 ship は動詞に注意

空所直前の ships は「船」という名詞で、名詞と判断できる理由は2つあります。1つ目は ships が動詞の場合、主語が複数形（Restaurants）なので、3単現の s があるのはおかしいという点です。また、空所後に both A and B と続いているため、ships は名詞で、空所には動詞が入ると判断できます（その動詞の O が both A and B になる）。

ただし、ship は「船」→「（船で）発送する・配送する」という動詞の使い方も大事です。本来は「船」での発送・配送を表していましたが、今では陸路・空路問わず使える単語です。ネットショッピングが発達した現代では、非常によく使われています。

選択肢 Check

(A) dispense「分配する」
お金をおろす「キャッシュディスペンサー（dispenser）」とは「街中で銀行の代わりにお金を分配してくれるもの」です。TOEIC では、dispense with ~「～なしで済ます・～を省く」の形で出ることもあります。
(B) function「機能する」

41 ページで名詞「機能」には触れましたが、「機能する」という動詞もチェックしておきましょう。
(C) accept「認める」
(D) contribute「貢献する・寄与する」
"原因 contribute to 結果." を表すと意識してください。

□ ship 船／□ both A and B AとB両方／□ cash 現金／□ credit クレジット／□ payment 支払い

Breezeway Cruise 船のレストランはどこも、現金払いとクレジット払いの両方を受け付けています。　正解 **C**

問題

To ensure that your guitar is ------- during shipping, pack its case with plenty of cushioning.

(A) protected
(B) cautious
(C) prominent
(D) objective

ここで
解く！

To ensure that your guitar is ------- during shipping, pack its case with plenty of cushioning.

◎ 核心 34　よくある「配送中の注意事項」

前半は To ensure that ～「～であることを確実にするために」（不定詞の副詞的用法）で、that 節中は your guitar が s、is ------- が v になります。「配送中、ギターが ------- いることを確実にする」という文意に合うのは、(A) protected です。

スポーツなどで「体を保護する道具」を「プロテクター（protector）」と言いますが、その動詞形が protect「保護する」です。your guitar is protected during shipping「配送中、ギターが保護されている」で、95 ページで扱った ship「発送する・配送する」の名詞形 shipping「発送・配送」が使われています。

隠れポイント34 命令文の典型パターン

問題自体は以上で解けますが、この本で対策をしているみなさんには、**英文全体が"To ~, 命令文."「~するためには…してください」の形になっている**ことをしっかり意識してほしいと思います。

※今回は pack が動詞「包む」の原形です。-ing をつけると packing で、日本語でも「パッキング」と使われています。

今回の"To ~, 命令文."という形は、Part 5 で狙われるだけでなく、Part 4 のアナウンス問題などで、解答のキーになることが非常によくあるのです。命令文である以上、何かしら「大事なこと」を命令しているわけですから、当然設問で狙われます。

たとえば、Part 4 で To make a reservation now, please press one.「今ご予約するには、ボタン1を押してください」のような英文が出てきて、これがかなりの確率で解答のキーとなるわけです。

選択肢 Check

(A) protected「保護される」
(B) cautious「用心深い・注意深い」
caution は「用心・警告(する)」で、with caution「用心を持って」→「用心して」や、caution 人 against ~「人に~しないように警告する」の形でよく使われます。その形容詞形が cautious です。

(C) prominent「目立つ・卓越した」
「目立つ」→「良い意味で目立つ」→「卓越した」と考えれば OK です。
(D) objective「客観的な／目的」
形容詞「客観的な」と名詞「目的」の2つの意味が大切です。英文法で「目的語」を O と表すのは object のことです。

□ **ensure that ~** ~であることを確実にする／□ **shipping** 配送／□ **pack** 包装する／□ **case** ケース／□ **plenty of ~** たくさんの~／□ **cushioning** 緩衝材

お客様のギターが配送中傷つかないように、ケースにたくさんの緩衝材を入れてください。　　正解 **A**

Chapter 2 | 031▶036

問題

In ------- to questions from the media, Kleinor Corp issued a statement about its relocation plans.

(A) responded
(B) to respond
(C) response
(D) responds

ここで解く！　In ------- to questions from the media, Kleinor Corp issued a statement about its relocation plans.

◎ 核心 35　「〜に応えて」を表すには？　

空所前後の In と to に注目して、in response to 〜「〜に応えて」という熟語にします（今回は In ------- to の形から「名詞」を選ぶ品詞問題ですが、重要な語彙なので本問を採用しました）。

response は「反応・返答」で、SNS やメールの「レス（ポンス）」で使われています。ちなみに動詞 respond「返答する」も、後ろに to を伴って respond to 〜「〜に返答する・〜に対応する」の形でよく使われます。さらに、Part 7 でも in response to 〜 は 2 つの観点から大事な働きを果たします。

(1)「何かの続き」の文書だとわかる
英文の最初に In response to questions from the media とあれば、この文書よりも前に「マスコミから質問があった」とわかります。

Part 7 では、このような「何かの続き」という英文がよく出るのですが、in response to ~ がその目印になるわけです。

(2) 解答のキーになる

Part 7 で「文書の目的」が問われた場合、本文で in response to ~「~に応えて」が使われ、選択肢で「質問・問い合わせに答えるため」といった内容が正解になることが多いです。

issue は「ポンっと出てくる」イメージ

主節では動詞 issue「出す・発表する」が使われ、issued a statement「声明を発表した」となっています（このフレーズのままよく使われます）。issue は語彙問題で非常によく狙われる多義語です。

【多義語 issue　核心：ポンッと出てくる】
① 問題　　② (雑誌の) ～号　　③ 発行する・出す・発表する

「(突然何かが) ポンッと出てくる」というイメージで、「ポンッと出てくる」→「(突然現れた) 問題・論争」、「発売日になると店頭にポンッと出てくる」→「(雑誌の) 号」となりました。

選択肢 Check

(A) respond **動**「応じる」の過去形・過去分詞形
(B) respond **動** の to 不定詞

(C) response **名**「応答」
(D) respond **動** の 3 人称単数現在形

□ **statement** 声明／□ **relocation** 移転　※動詞 relocate は「再び (re) 別の場所に置く・居住する (locate)」→「移住する・移転する」で、その名詞形が relocation「移住・移転」です。

Kleinor 社はマスコミからの質問に答えて、移転計画についての声明を発表しました。

 正解 **C**

問題

Visitors who have questions ------- attractions in Port Caspian should go to the Tourist Information Center.

(A) about
(B) every
(C) throughout
(D) among

ここで解く！

Visitors who have questions ------- attractions in Port Caspian should go to the Tourist Information Center.

核心 36　about の核心イメージは「周り」

Visitors who have questions ------- attractions in ~ では、空所に前置詞が入ると考えます（questions 以下が have の O になるはずです）。形容詞の (B) every を消去して、残りは意味から考えます。

「観光名所について質問のある客は～に行くべき」という文意を考え、(A) about「～についての」を選べば OK です。空所前の questions と about は相性が良い組み合わせで、Visitors who have questions about attractions in ~「～の観光名所について質問のあるお客様」という文の S になります。

about は本来「周り」で、何かの周りをモヤモヤと囲むイメージです。そして、この「周り」というイメージから、「約～」と「～について」という意味が生まれました。たとえば、about 30 は「30 の周

り」→「約 30」に、about me なら「私の周りのこと（血液型・趣味・家族構成など）」→「私について」となるわけです。

隠れポイント 36 「客」を表す単語を整理

文頭の Visitors は「訪問客」で、それを関係代名詞 who ~ が修飾していました。以下で、「客」を表す単語を整理しておきましょう。

---

(1)「お金を払う客」
① customer「店の客」　　② passenger「乗客」
③ client「依頼人・取引先」　④ audience「聴衆」
⑤ spectator「観客」

(2)「やってくる客」
⑥ visitor「訪問客・観光客」　⑦ guest「招待客・宿泊客」
⑧ tourist「観光客」

Chapter 2 | 031▶036

選択肢 Check

(A) about 前「〜について」
(B) every 形「すべての」
「それぞれ 1 つひとつ」にフォーカスを当てた単語なので、「単数扱い」になる点が大事です（every day「毎日」の day も単数ですね）。
(C) throughout 前「〜の間ずっと・〜の至る所に」

through「〜を通して」に強調を表す out がついた単語です。「〜の間ずっと」（時間）、「〜の至る所に」（場所）の両方で使えます。
(D) among 前「〜の中の」
「たくさんのものに囲まれている」イメージで使われます。

□ **visitor** 客・訪問客／□ **attraction** （観光）名所／□ **tourist information center** 観光案内所

Port Caspian の観光名所について質問のあるお客様は、観光案内所へお越しください。

正解 A

037. A new seafood restaurant will open on Whitwell Street on Saturday at the ------- location of Rustic Café.

(A) former
(B) sooner
(C) quickly
(D) early

038. The Mullstone Group won ------- from the Custer City government to build a 24-story hotel on Valley Road.

(A) proposal
(B) declaration
(C) approval
(D) confirmation

039. Springboro City is planning to widen Stanton Road to four lanes to ------- increased traffic in the area.

(A) accommodate
(B) intend
(C) estimate
(D) transmit

040. Jessica Andrews meets all the qualifications ------- in the job posting on Garizon Oil's Web site.

(A) employed
(B) associated
(C) connected
(D) specified

041. In honor of its 100th anniversary, Chrono-Aspari will ------- a new line of luxury watches.

(A) hinder
(B) attract
(C) resist
(D) unveil

042. ------- of February 18, Ms. Rowan will be in charge of the public relations department.

(A) As
(B) By
(C) On
(D) So

解答・解説 ▶ p. 104-115

問題

A new seafood restaurant will open on Whitwell Street on Saturday at the ------- location of Rustic Café.

(A) former
(B) sooner
(C) quickly
(D) early

ここで
解く！

A new seafood restaurant will open on Whitwell Street on Saturday at the ------- location of Rustic Café.

核心 37 formerは重要な「含み表現」

A new seafood restaurant が S、will open が V で、その後は副詞のカタマリが続いています。at the ------- location of Rustic Café は、「新しいレストランがオープンする場所」を表すはずです。

the ------- location の形から、空所には直後の名詞 location を修飾する「形容詞」が入ると考えます。「以前 Rustic カフェがあった場所にオープンする」と考え、(A) former「以前の」を選べば OK です。the former location of Rustic Café で、直訳「Rustic カフェの以前の場所」→「以前 Rustic カフェがあった場所」となります。

former は Part 3・4 や Part 7 でも大事な単語です。TOEIC の世界では「お店の移動／会社での異動／合併」などがよく起こるので、

former ○○「**以前の○○・元○○**」という表現が出てきて、設問でその「**新旧**」がよく問われるわけです。

また、former は「**過去〜だった**」→「**今は〜でない**」と示唆する**含み表現としても大事**です。former を見たら「**過去**」の話と意識し、「**今はそうじゃない**」と考えるようにしてみてください。

隠れポイント 37　location の意味は？

空所直後の location は「**場所**」です。日本語で「絶好のロケーション」と言いますが、これは「**立地が良い**」ということです。動詞 locate は本来「**置く**」で、be located「置かれる」→「位置している・ある」の形でよく使われます。

また、発展として TOEIC では location が具体的に「**お店**」を表すこともあります。たとえば、「最近新しい店がオープンした」を、A new location recently opened. と言うことがあるわけです。

選択肢 Check

(A) former 形「以前の」
(B) sooner 副「より早く」
soon「まもなく・すぐに」の比較級で、sooner or later「遅かれ早かれ・いつかは」という表現でよく使われます。
(C) quickly 副「素早く」
形容詞 quick は、野球で「クイッ

クモーション」＝「投手が盗塁を防ぐために投球動作を素早くすること」と使われています。
(D) early 副「早く」／**形**「早い」
early は「時間が早く」で、fast は「スピードが速く」です。early と fast の両方とも形容詞・副詞の用法があります。

□ **seafood**　シーフード・海鮮／□ **location**　場所・所在地

土曜に Whitwell 通りの、以前 Rustic カフェがあった場所に新しいシーフードレストランがオープンします。　**正解** A

問題

The Mullstone Group won ------- from the Custer City government to build a 24-story hotel on Valley Road.

(A) proposal
(B) declaration
(C) approval
(D) confirmation

ここで解く！

> The Mullstone Group won ------- from the Custer City government to build a 24-story hotel on Valley Road.

核心 38　win ≒ get と考える！　

The Mullstone Group が S、won（win の過去形）が V で、空所には O が入ります。win と相性が良い単語は (C) approval「承認」で、win approval「承認を得る」となります。approve には prove「証明する」のつづりが入っているので、「（証明されたものを）認める」と考えれば OK です。その名詞形が approval「承認」です。

win は「勝つ」とだけ覚えがちですが、「**勝ち取る（≒ get）**」というイメージを持てばさまざまな意味も理解できます。

【win の意味】

① （勝負に）勝つ　　　　② （物を）勝ち取る
③ （人気などを）得る　　④ 勝つ　※自動詞

今回の win approval も「承認を勝ち取る・承認を得る」と理解できますね。その他にも、TOEIC では win an award / win a prize「受賞する」、win customer support「顧客支持を獲得する」、win global recognition「世界で認められる」などが出ます。

隠れポイント38 story は「階」の意味が大事

空所後の to は不定詞の形容詞的用法の「同格」で、approval (from ~) to build a 24-story hotel on Valley Road「Valley 通りに 24 階建てのホテルを建てる（という）承認」となっています。

また、その後の story は「階」という意味です。昔のヨーロッパでは、何階かを示すのに、フロアごとに「歴史物語の絵」を描いていました。3 階建てなら 3 つの story（物語）の絵があることから、story に「階」という意味が生まれたのです。

※今回はハイフンを使って形容詞化し、24-story hotel「24 階建てのホテル」となっています。2 つ以上の単語をハイフンでつなぐと、直後の名詞を修飾する（形容詞の働きをする）ことができるわけです。

選択肢 Check

(A) proposal「提案」
動詞 propose「提案する」の名詞形です。"-al" は「名詞」を作る特徴的な語尾で、remove「取り除く」→ removal「除去」などで使われています。

(B) declaration「宣言」
動詞 declare は「完全に (de) 明らかに (clare = clear) する」

→「宣言する・申告する」で、その名詞形が declaration「宣言」です。

(C) approval「承認」

(D) confirmation「確認」
confirm は「理解を強固に (firm) する」→「確認する」で（52 ページ）、その名詞形が confirmation「確認」です。

□ **win** 勝ち取る・得る／□ **government** 政府・自治体／□ **story** 階

Mullstone グループは、Custer 市自治体から、Valley 通りに 24 階建てのホテルを建てる承認を得ました。

正解 C

問 題

Springboro City is planning to widen Stanton Road to four lanes to ------- increased traffic in the area.

(A) accommodate
(B) intend
(C) estimate
(D) transmit

ここで解く！

Springboro City is planning to widen Stanton Road to four lanes to ------- increased traffic in the area.

核心 39　accommodate は「詰め込む」イメージ

plan to *do*「〜する計画だ」の to の後ろは、widen A to B「A を B に広げる」の形で、widen Stanton Road to four lanes to *do*「〜するために Stanton 道路を 4 車線に広げる」です。

空所直前の to は不定詞の副詞的用法（〜するために）で、「増加した交通量に ------- ため、Stanton 道路を 4 車線に広げる計画だ」となります。文意が通るのは、(A) accommodate「対応する」です。

【多義語 accommodate　核心：詰め込む】
① 収容できる・宿泊させる　　② 適応させる
③（要求を）受け入れる・対応する

accommodate は「詰め込む」イメージで、「人を詰め込む」→「収容・宿泊できる」、「人をある環境に詰め込む」→「適応させる」、「相手の要求を自分に詰め込む」→「受け入れる・対応する」となりました。

 核心 39 "□ + en" の形になる単語

前半では、動詞 widen「広げる」に注目してください。**名詞・形容詞に "en" をつけることで、「動詞」にする働きがあります。** widen も「広い（wide）状態にする（en）」→「広げる」ということです。今回は widen A to B「A を B に広げる」の形で使われていましたね。

同じ意味の broaden も、「広い（broad）状態にする（en）」→「広げる」ということです。さらに、shorten「短い（short）状態にする（en）」→「短くする・短縮する」も TOEIC によく出てきます。

選択肢 Check

(A) accommodate「対応する」
(B) intend「意図する」
バスケで「インテンショナル（intentional）ファウル」とは、「意図的な（わざとした）ファウル」ということです。その動詞が intend で、intend to *do*「～するつもりだ」の形でよく使われます。
(C) estimate「見積もる・推定する」

日本の CM でも「まずは無料お見積もり」というのをよく聞きますが、TOEIC に出る広告もまったく一緒で、free estimate「無料見積もり」は必ず出てくる語句です。
(D) transmit「送る・伝える」
「別の場所へ（trans）送る（mit）」→「送る・伝える」となりました。

□ **plan to *do*** ～する計画だ／□ **widen** （幅を）広げる／□ **lane** 車線・レーン／□ **increased** 増えた／□ **traffic** 交通（量）／□ **area** 地域

Springboro 市は、その地域の増加した交通量に対応するため、Stanton 道路を 4 車線に広げる計画を立てています。 正解 A

問題

Jessica Andrews meets all the qualifications ------- in the job posting on Garizon Oil's Web site.

(A) employed
(B) associated
(C) connected
(D) specified

ここで解く！ Jessica Andrews meets all the qualifications ------- in the job posting on Garizon Oil's Web site.

核心 40 "spec" は「具体的な状態」を表す Part 7

空所前は meet the qualifications「必要条件を満たす」という熟語で、空所以下は the qualifications「必要条件」を修飾すると考えます。「ウェブサイトの求人票に ------- 必要条件をすべて満たしている」の文意に合うのは、(D) specified「挙げられた・明記された」です。

"spec" は「具体的な状態」を表し、specify は「具体的な状態にする」→「具体的に挙げる・明記する」となりました。今回はその過去分詞形で、all the qualifications specified in ~「～で挙げられている（明記されている）必要条件すべて」となります。形容詞の specific「明確な・具体的な・特有の」も "spec" に注目して、「具体的に・ピンポイントで」というイメージを持てば OK です。

また、名詞の specification は「明記されたもの・詳細に書かれたもの」

→「仕様（書)」という意味です。日本語で「スペックが高い」と言いますが、これは specifications「仕様・性能」の略です。

隠れポイント49 meet を使った重要熟語

meet は本来「相手に合わせて満たす」イメージです。この meet「満たす」を使った表現は Part 5 頻出です。

> □ meet the need(s)「要求を満たす」
> □ meet the requirement(s)「要件・要求を満たす [応じる]」
> □ meet the expectation(s)「期待に応える」
> □ meet the demand(s)「需要・要求を満たす」
> □ meet the condition(s)「条件を満たす」
> □ meet the qualification(s)「必要条件を満たす」
> □ meet the criteria[criterion]「基準を満たす」
> □ meet the deadline「締め切りを守る」

※多くの表現では、the の代わりに所有格が使われることもよくあります。

選択肢 Check

(A) employed「雇われた」
「中に (em) 結びつける (ploy)」→「仕事の中に結びつける」→「雇う」です。正社員、アルバイト問わず使える単語です。
(B) associated「関連した」
本来「結びつく」で、associate A with B「A と B を結びつける・関連づける」という形が重要です。

受動態で、be associated with ~「～と関連している」もよく使われます。
(C) connected「つなげられた」
61 ページで connection「つながり」が出てきましたが、その動詞形が connect「つなぐ」です。
(D) specified「挙げられた・明記された」

□ **qualification** 資格・必要条件／□ **job posting** 求人票

Jessica Andrews は、Garizon Oil のウェブサイトの求人票で挙げられている必要条件をすべて満たしています。

　正解 **D**

問題 **041** | 解説　　◎ 核心 41　隠れポイント 41

問題

In honor of its 100th anniversary, Chrono-Aspari will
------- a new line of luxury watches.

(A) hinder
(B) attract
(C) resist
(D) unveil

ここで
解く！　In honor of its 100th anniversary, **Chrono-Aspari
will** ------- a new line of luxury watches.

◎ 核心 41　unveil は「ベール（veil）
を取る（un）」　

Chrono-Aspari が S、空所に V が入り、a new line of luxury
watches「高級時計の新製品」が O になります。「高級時計の新製品
をどうする？」と考え、(D) unveil「公開する・発表する」を選べ
ば OK です。un は「反対」を、veil は「ベール（覆い隠す布）」を
表し、unveil は「ベール（veil）を取る（un）」→「ベールを取っ
て公開する・発表する」となりました。

隠れポイント 41　多義語 line ／
「祝う」の重要表現　

空所後の line は「店頭で商品がズラッと一列（line）に並んでいる」

イメージから、「品揃え・ラインナップ・商品の種類」といった意味です。line は多義語ですが、どれも「線」から考えれば OK です。

【多義語 line 核心：線】
① 列　　②電話線　　③手紙
④職業　　⑤品揃え・ラインナップ

「線」→「列」「電話線」、「紙に線が引かれたもの」→「手紙」、「仕事の方向性（ライン）・人生の進むべき線」→「職業」となりました。Part 1 では、in line「列（line）という形式で（in）」→「列になって」という表現がよく使われます（この in は「形式」を表す用法）。

補足ですが、文頭の In honor of ~「～に敬意を表して・～を祝って」に関連する熟語も大切です。Part 5 で狙われることもありますし、Part 4 や Part 7 では「社員の表彰」「コンテストでの受賞者を表彰する」話が頻出で、その際によく使われます。

□ in honor of ~「～に敬意を表して・～を祝って」
□ in recognition of ~「～を称えて」
□ in observance of ~ / in celebration of ~「～を祝って」

選択肢 Check

(A) hinder「妨げる」
behind「後ろに」と語源が同じで、「後ろに留めておく」イメージから「妨げる」となりました。
(B) attract「引き付ける」
「～に向けて(at)引っ張る(tract)」→「引き付ける」で、「ビッと興

味を引く」イメージです。
(C) resist「抵抗する」
「反対に (re) 立つ (sist = stand)」→「抵抗する」です。後ろには動名詞をとり、resist -ing「～することに抵抗する」となります。
(D) unveil「公開する・発表する」

□ **anniversary**　記念日／□ **luxury**　高級な

Chrono-Aspari は 100 周年記念を祝って、高級時計の新製品を発表する予定です。

正解 **D**

問題

------- of February 18, Ms. Rowan will be in charge of the public relations department.

(A) As
(B) By
(C) On
(D) So

ここで
解く！　　------- of February 18, Ms. Rowan will be in charge of the public relations department.

核心 42　　**Part 7 で解答のキーになる as of ~**

空所直後の of February 18 に注目して、(A) As を選びます。as of ~「~付けで・~現在」という熟語で、「~から始まる」を表すときによく使われます。今回も「2月18日から責任者になる予定」ということですね。

Part 7 で「いつから実施されるか？」はよく問われますし、マルチプルパッセージの「クロス問題（複数の文書を参照して解く問題）」では、「時間（日付・曜日）」がヒントになることが多いです。そのため、Part 7 で as of ~ は解答のキーになりやすいのです。

ちなみに、effective も「~付けで」を表します。本来「有効な」という意味ですが、日付と共に使って「法律や規則が有効になる」

→「実施される・〜付けで」を表すわけです。as of 〜 と同じく解答のヒントになることが多い重要単語です。

※ beginning 〜 / starting 〜 も同じく「〜から」を表すので（47、234 ページ）、as of 〜 / effective 〜 / beginning 〜 / starting 〜 をセットで押さえておくとよいでしょう。

隠れポイント⁉ charge も語彙問題で超頻出

主節では in charge of 〜「〜を担当して」という熟語が使われています。charge の核心は「プレッシャーをかける」で、「プレッシャーをかけて大事な仕事を任せる」→「委ねる／責任」の意味がありましたね（48 ページ）。in charge of 〜 は、直訳「〜の責任の中にいて」→「〜を担当して」です。

今回はその後ろに、public relations department「広報課」がきています。public relations「広報」は略して"PR"と考えれば、簡単に理解できるでしょう。「公共に（public）関連させる（relations）」→「（広く世間にアピールする）広報」です。

選択肢 Check

(A) As「（as of 〜 で）〜付けで・〜現在」
(B) By「〜までには」
本来は「近接（〜の近くに）」を表し、"by + 日付"で「日付にどんなに近づいても過ぎたらダメ」→「日付までには」となります。

(C) On「〜に」
"on + 曜日・日付"「曜日・日付に」と使われます。
(D) So「とても」
so 〜 that ...「とても〜なので…だ」や、so that s 助動詞 v「sv するために」の形が大切です。

□ **in charge of 〜** 〜を担当して／□ **public relations** 広報／
□ **department** 部門・部署

2 月 18 日付けで、Rowan さんは広報課の責任者になる予定です。

正解 A

043. ------- the terms of the agreement, ZHC
Telecommunications will sell half its stake in the
Singapore-based substrate maker.

(A) Adjacent
(B) Under
(C) Over
(D) Except

044. When the hotel swimming pool was closed, the
manager ------- related questions from the
customer survey.

(A) consisted
(B) appeared
(C) omitted
(D) replied

045. Gavin Howe's contract with HTN Broadcasting is
set ------- in less than a month.

(A) to expire
(B) expiring
(C) will expire
(D) expired

6問を1分30秒～2分で解く

046. A spectacular fireworks display ------- the end of this year's Providence Blues Festival.

(A) emerged
(B) marked
(C) arose
(D) noticed

047. Both cameras released this year by Oltaform have advantages, so customers should weigh each option -------.

(A) carefully
(B) approximately
(C) distantly
(D) roughly

048. Only those who register online before September 8 will be eligible for a ------- registration fee.

(A) reduced
(B) shortened
(C) compressed
(D) demoted

解答・解説 ▶ p. 118-129

問題

------- the terms of the agreement, ZHC
Telecommunications will sell half its stake in the
Singapore-based substrate maker.

(A) Adjacent
(B) Under
(C) Over
(D) Except

ここで
解く！

------- the terms of the agreement, ZHC
Telecommunications will sell half its stake in the
Singapore-based substrate maker.

核心 43　「被支配・影響」を表す under

Part 7

空所直後の the terms of ~「~の条件」に注目して、(B) Under を選びます。under the terms of ~「~の条件下で・~の条件に基づいて」という TOEIC 頻出の表現です。

under は「（上から覆われて）下にある」というイメージから、「被支配（~の下で）・影響（~の影響を受けて）」の意味があります（69ページ）。よって、Under the terms of the agreement で「契約条件に基づいて・契約条件によると」となります。the terms of the agreement「契約条件」が上から覆って、その下で「株式の半分を売却する」イメージです。日本語でも「条件下で」と言いますね。

隠れポイント 43 **term は「限られた一定空間」**

今回 term は「条件」という意味で使われていましたが、他にもたくさんの意味があります。語彙問題でよく狙われる重要多義語です。

【多義語 term　核心：限られた一定空間】
① 期間　　② 用語　　③ 条件（terms）　　④ 間柄（terms）

本来「限られた一定空間」で、そこから「期間」「（限られた一定空間で使う）用語」となります。「用語」とは「ある一定の範囲に限るもの」です。たとえば「中高生が使う用語」とは、中高生という「限られた空間」の中だけで通じる言葉のことですね。

さらに、「ある限られた人と人の間で交わすもの」→「条件」「間柄」となりました（2 人以上が必要なので複数形 terms で使います）。

選択肢 Check

(A) Adjacent 形「隣接する」
「近くに（ad）横たわる（jacent）」→「隣接した」で、adjacent to ~「~に隣接した・~の隣の」の形でよく使われます。
(B) Under 前「~のもとで」
(C) Over 前「~にわたって」
本来は「覆う」イメージで、「ある期間を覆って」→「~にわたって・~の間」という意味が大事です（例：over the last few months「ここ数か月にわたって」）。
(D) Except 前「~を除いて」
「外へ（ex）出す（cept）」→「~を除いて」で、except for ~「~を除いて」の形もよく使われます。

□ **agreement**　契約／□ **stake**　株・出資金　※本来は「掛け金」で、TOEIC では「掛け金」→「出資金・株式・利害関係」の意味が大事です。／□ **~-based** ~に本社がある　※ base には「基礎を置く・（本社として）配置する」という意味があり、~-based で「~に本社が配置された」→「~に本社がある」となります。／
□ **substrate**　基板

ZHC Telecommunications は、契約条件に基づいて、シンガポールに本社を置く基板メーカーの株式の半分を売却する予定です。　**正解** **B**

Chapter 2 │ 043▶048

問題

When the hotel swimming pool was closed, the manager ------- related questions from the customer survey.

(A) consisted
(B) appeared
(C) omitted
(D) replied

ここで解く！

When the hotel swimming pool was closed, the manager ------- related questions from the customer survey.

核心 44　omit A from B 「A を B から省く」

英文全体は When sv, SV.「sv するとき SV だ」の形です。主節は the manager が S、空所に V が入り、related questions「関連する質問」が O になります。「プールが閉鎖されたとき、それに関する質問を -------」で文意が通るのは、(C) omitted「省いた・除外した」です。

omit は「反対方向に（o = oppose）送る（mit）」→「外に送る・外に出して無視する」→「省く」となりました。今回は omit A from B「A を B から省く」の形で、omitted related questions from the customer survey「お客様アンケートから関連する質問を省いた」となります。

隠れポイント 44 「自動詞 or 他動詞」も ヒントになる！

今回の問題でも「意味」だけでなく「形（自動詞 or 他動詞）」がヒントになります。**空所直後に目的語（related questions）があるので、空所には「他動詞」が入るとわかります。**その視点から誤りの選択肢を見てみましょう。

(A)：consist of ~「〜で構成されている」の形でよく使います。
(B)：appear 形容詞「〜のようだ」（SVC）や、自動詞「現れる」の意味で使います。
(D)：reply to ~「〜に返答する・返信する」の形でよく使います。

以上のように、すべて原則「自動詞」で使うので、空所には入らないと判断できるわけです。

ちなみに、文末の customer survey「顧客調査」は大事な複合名詞です。頻出の複合名詞は 147 ページでまとめます。

選択肢 Check

(A) consisted「構成された」
「共に（con）立つ（sist = stand）」→「一緒になって１つのものを構成する」で、consist of ~「〜で構成されている」です。
(B) appeared「現れた」
単純に「（テレビなどに）出る」と言うときにも、appear on a TV show のように使えます。

第 2 文型で、appear 形容詞 / appear to ~「〜のように見える」の形も大事です。
(C) omitted「除外した」
(D) replied「返答した」
日本語でも「リプライ」や「リプを返す」と言いますね。reply to ~「〜に返信する」の形が重要です。

□ **be closed** 閉鎖される・営業中止になる／□ **manager** 支配人・経営者／□ **related** 関連した

ホテルのプールが閉鎖になったとき、支配人はお客様アンケートからそれに関連する質問を削除しました。

正解 **C**

Chapter 2 | 043▶048

121

問題

Gavin Howe's contract with HTN Broadcasting is set
------- in less than a month.

(A) to expire
(B) expiring
(C) will expire
(D) expired

ここで
解く！　Gavin Howe's contract with HTN Broadcasting is
set ------- in less than a month.

◎ 核心 45　be set to *do*「～する ことになっている」

空所直前の is set に注目して、be set to *do*「～することになっている」
とします。直訳「～するために（to）セットされている（be set）」
→「～することになっている・～しそうだ」と考えればいいでしょう。

これと関連して、Part 5 でよく狙われる「予定」を表す表現をまと
めておきます。Part 2 で「○○は誰がする？」→「A さんがする予定」
といったやりとりがよく出ますし、Part 3・4・7 で「～する予定だ
ったが、遅れている・予定が変更した」という流れは定番です。

【「予定」を表す TOEIC 頻出表現】
□ be set to *do*「～することになっている・～しそうだ」

□ be scheduled to *do*「〜する予定だ」
　※ schedule には動詞「予定する」という意味がある

□ be projected to *do*「〜すると予測されている」　※ project は「前に
　（pro）投げる（ject）」→「見積もる・予測する」という意味の動詞

□ be supposed to *do*「〜することになっている」
　※直訳は「〜すると思われている」（157 ページ）

□ be due to *do*「〜する予定だ」
　※ due to 名詞「名詞が原因で」と混同しないように注意

□ be slated to *do*「〜する予定だ」　※ slate は元々「石板」で、そこから
　「（石板に）予定を書き込む」と考えれば OK

隠れポイント 45　expire と expiration

be set to *do* の *do* には、expire「期限が切れる」がきています。"spire"
は「息を吐く」という意味で、「外に（ex）息を吐く（spire）」→「息
を吐き尽くす」→「息を引き取る・終了する」となりました。名詞
形は expiration「終了・満期」で、Part 7 でも重要な単語です。

ちなみに、その後の in less than a month「1 カ月未満で」では、in
が「経過（〜後）」を表しています。今回は in の後に less than a
month「1 カ月未満」がきて、~ is set to expire in less than a month
「〜は 1 カ月未満で切れることになっている」となるわけです。

選択肢 Check

(A) expire 動「期限が切れる」の
to 不定詞
(B) expire 動 の -ing 形

(C) expire 動 の未来を表す形
(D) expire 動 の過去形・過去分
詞形

□ **contract**　契約　※「両者が一緒に（con）、引っ張り合う（tract）」→「契約」
となりました（"tract" は attract でも使われています［113 ページ］）。契約は「お互い
が自分の都合の良いように引っ張り合いながら判を押すもの」ということです。／
□ **expire**　期限が切れる・終了する／□ **less than ~**　〜未満の

Gavin Howe と HTN Broadcasting の契約は、1 カ月未満で切れる
ことになっています。

正解 **A**

問題

A spectacular fireworks display ------- the end of this year's Providence Blues Festival.

(A) emerged
(B) marked
(C) arose
(D) noticed

ここで
解く！
A spectacular fireworks display ------- the end of this year's Providence Blues Festival.

核心 46　mark は「マークをつける」

A spectacular fireworks display「壮大な打ち上げ花火」が S、空所に V が入り、the end of this year's Providence Blues Festival「今年の Providence Blues フェスティバルの終わり」が O になります。

「打ち上げ花火が Providence Blues フェスティバルの終わりを -------」という文意に合うのは、(B) marked「飾った・祝った」です。

> 【多義語 mark　核心：マークをつける】
> ① 印・記号／印をつける　　② 目立たせる・祝う

mark は文字通り「マーク（印）をつける」で、「マークをつける」→「目立たせる」、「何でもない普通の日にマークをつける」→「記

念する・祝う」となりました。カレンダーにマークをつけることで、他の人にとっては普通の日であっても、当事者には「祝福すべき」日になるわけです。

隠れポイント 66 arise は「自動詞」

今回は空所直後に O（the end of this year's ~）があるので、空所には「他動詞」が入るとわかります。そのため、この時点で自動詞の (A) emerged「現れた」と (C) arose「起こった・生じた」は消去できます（こういった「出現・移動」系の単語は自動詞が多いです）。(C) arose は arise の過去形で、rise・arise（自動詞）と raise（他動詞）の区別も大事です。以下で確認しておきましょう。

【rise・arise vs. raise】
□ rise：自動詞 「上がる」 rise – rose – risen
□ arise：自動詞 「起こる・生じる」 arise – arose – arisen
　※ "arise = rise" と考えて OK（強調の a + rise = arise）
□ raise：他動詞 「上げる」 raise – raised – raised

選択肢 Check

(A) emerged「現れた」
※ 21 ページ
(B) marked「飾った」
(C) arose「起こった・生じた」
(D) noticed「気づいた」
notice は動詞「気がつく・注意

する」だけでなく、TOEIC では名詞「注意・通知」という意味が頻出です。on short notice は「告知期間が短い通知で」→「直前の通知で」という重要表現です。

□ **spectacular** 壮大な ※ "spect" は「見ること」で、spectacle は名詞「見世物・壮観・光景」です。spectacular は「見世物（spectacle）のような（ar）」→「壮大な・素晴らしい」となりました。／□ **fireworks display** 花火大会・打ち上げ花火 ※ fireworks は「火薬（fire）を使った作品（works）」→「花火」、display は「展示」です。fireworks display で「花火を展示すること」→「花火大会」となります。

壮大な打ち上げ花火が、今年の Providence Blues フェスティバルの終わりを飾りました。

正解 **B**

問題

Both cameras released this year by Oltaform have advantages, so customers should weigh each option -------.

(A) carefully
(B) approximately
(C) distantly
(D) roughly

ここで
解く！　Both cameras released this year by Oltaform have advantages, so **customers should weigh each option -------.**

核心 47　care は「注意」

後半（コンマ後）は customers「顧客」が S、should weigh「比較検討すべき」が V、each option「それぞれの選択肢」が O です。すでに文構造は完成しているので、空所には副詞が入ります。「顧客はそれぞれの選択肢を ------- 比較検討すべき」という文意に合うのは、(A) carefully「注意深く・慎重に」です。

形容詞 careful は「**注意で（care）いっぱい（ful）**」→「**注意深い**」です。日本語でも「ケアレスミス」と言いますが、その逆ですね（8ページ）。そして careful の副詞形が carefully「**注意深く・慎重に**」となります。

隠れポイント 47 多義語 weigh **Part 7**

今回は動詞 weigh が「比較検討する」の意味で使われていました。weight は名詞「重さ」で、日本語でも「ウェイトトレーニング」=「重いものを使う筋力トレーニング」と使われています。その動詞形が weigh です。この2つの品詞をしっかり区別してください。

【多義語 weigh　核心：重さを量る】
① 量る・重量がある　　　② 比べる・比較検討する
③ 重要である・重要視される

「重さを量る」→「(重さを量って)比べる・比較検討する」、「比較検討した結果、重要である」→「重要である・重要視される」と考えれば OK です。日本語でも、物体の重さを量るときだけでなく、2つの選択肢を比べるときに「天秤にかける」と言いますね。

選択肢 Check

(A) carefully「慎重に」
(B) approximately「約・およそ」
形容詞 approximate は approach「近づく」と語源が関連しており、「近づいていく」→「おおよその」となりました。その副詞形が approximately です。
(C) distantly「遠くに」
形容詞 distant は「離れて(dis)立っている(stant = stand)」→「遠い」です。その副詞形が

distantly です。
(D) roughly「約・およそ」
形容詞 rough は「大雑把な・ざっくりした」という意味があり、日本語でも「ラフな格好」と言ったりします。その副詞形が roughly で、「大雑把に・ざっくり」→「約・およそ」となりました。about ≒ around ≒ approximately ≒ roughly と押さえておきましょう。

□ **release** 発売する／□ **advantage** 長所・利点／□ **customer** 客／
□ **weigh** 比較検討する／□ **option** 選択肢

今年 Oltaform から発売されたカメラのどちらにも長所があるので、購入者はそれぞれの選択肢を慎重に比較検討すべきです。　**正解** **A**

問題

Only those who register online before September 8 will be eligible for a ------- registration fee.

(A) reduced
(B) shortened
(C) compressed
(D) demoted

ここで
解く！　Only those who register online before September 8 will be eligible for a ------- registration fee.

核心 48　「登録料割引」を表すには？

Part 7

be eligible for ~「~の対象である・~の資格がある」の後ろに、a ------- registration fee がきています。registration fee「登録料」を修飾するのに適切なのは、(A) reduced「減額された」です。

reduce は「後ろへ（re）導く（duce）」→「減らす」で、ゴミの話題で使われる「3R」は Reduce、Reuse、Recycle のことです。reduce の過去分詞形が reduced「減らされた」で、a reduced registration fee「減額された登録料」→「登録料割引」となります。

ちなみに、registration fee「参加費・登録料」は TOEIC 頻出の複合名詞です。admission[entrance] fee「入場料」、enrollment fee「入学金・登録料」とセットで押さえておきましょう（147 ページ）。

隠れポイント49 # those who ~ と be eligible for ~ Part 7

主語は those who ~「~する人々」の形です。元々は those people who ~ で、people を関係代名詞 who が修飾する形でしたが、people が省略され、those だけで「人々」を表すようになりました。

そして be eligible for ~「~の対象である・~の資格がある」は、TOEIC では超重要な表現です。Part 7 で解答のキーになることもよくあるので、まとめてチェックしておきましょう。

Chapter 2 | 043▸048

【「資格・権利がある」を表す重要表現】

☐ be eligible for ~「~の資格がある・~の権利がある」

☐ be qualified for ~「~の資格がある・~に適任の」

　※動詞 qualify は quality「質」と語源が同じで、「何らかの質があると認める」
　　→「資格を与える」

☐ be entitled to *do*「~する資格がある・~する権利がある」

　※動詞 entitle は「肩書き（title）を与える」→「権利・資格を与える」／
　　entitle 人 to *do*「人に~する権利を与える」の受動態

選択肢 Check

(A) reduced「減額された」

(B) shortened「短縮された」

※ 109 ページ

(C) compressed「圧迫された」

compress は「強調（com）+ 押す・圧縮する（press）」→「押し

つける・圧迫する」です。

(D) demoted「降格させられた」

demote は「下に（de）動く（mote = move）」→「降格する・降格させる」です。

☐ **those who ~**　~する人々／☐ **register**　登録する／☐ **online**　ネット上で・オンラインで／☐ **be eligible for ~**　~の対象である・~の資格がある／☐ **registration fee**　参加費・登録料

9月8日より前にネット上で登録した人だけが、登録料割引の対象となります。

 正解 **A**

049. If your stay at the Allamanda Hotel was in any way -------, please let us know by filling out a feedback form.

(A) unqualified
(B) unconvinced
(C) unsatisfactory
(D) unsure

050. All records stored at the Pangani Clinic are password protected to secure ------- patient data.

(A) confidential
(B) confiding
(C) confidentially
(D) confide

051. If you cannot keep your dental appointment, please call our office 24 hours ------- to reschedule.

(A) otherwise
(B) only
(C) nearly
(D) beforehand

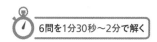

052. The dishes served at Moonview Dining are made
------- of locally produced foods.

(A) absently
(B) popularly
(C) valuably
(D) entirely

053. The Arcwell Law Firm has ------- its outstanding
reputation by providing affordable legal services
to a range of clients.

(A) taught
(B) treated
(C) earned
(D) caused

054. Monthly passes to the Haywood Lane parking
garage are ------- for $80.

(A) vacant
(B) constant
(C) ordinary
(D) available

解答・解説 ▶ p. 132-143

問題

If your stay at the Allamanda Hotel was in any way
-------, please let us know by filling out a feedback
form.

(A) unqualified
(B) unconvinced
(C) unsatisfactory
(D) unsure

ここで
解く！　If your stay at the Allamanda Hotel was in any way
-------, please let us know by filling out a feedback
form.

核心 49　satisfy から派生した形容詞　Part 7

If 節は your stay at the Allamanda Hotel「Allamanda ホテルでの宿泊」が s、was が v、in any way は副詞句で、空所に c が入ると考えます。「〜での宿泊が ------- であれば知らせて」という流れを考え、(C) unsatisfactory「満足できない・不十分な」を選べば OK です。

satisfactory は satisfy「満足させる」から派生した形容詞で、「満足させるような」→「満足できる・十分な」です（satisfying と似たイメージ）。それに否定の un がついて、<u>un</u>satisfactory「満足<u>でき</u>ない・<u>不</u>十分な」となりました。

 in any way
「何らかの・少しでも」

way には「点・方法」という意味があり、in any way で「どんな点・方法でも」→「何らかの（点で・方法で）・少しでも」となります。If your stay at the Allamanda Hotel was in any way unsatisfactory は、「宿泊に関して何らかの点で不満があれば／宿泊に少しでも不満があれば」ということです。

ちなみに、主節は let OC「O が C するのを許可する」の形で、please let us know「私たちが知ることを許可してください」→「私たちに知らせてください」となっています。

その後の fill out は、直訳「完全に（out）用紙を文字で満たしていく（fill）」→「記入する」という重要熟語です。fill in「用紙の中を（in）文字で満たしていく（fill）」→「記入する」と言い換えられることもよくあります。

Chapter 2 | 049▶054

選択肢 Check

(A) unqualified「無資格の・無条件の」
動詞 qualify は「資格を与える」で、その過去分詞形が qualified「資格を与えられた」→「資格がある・適任な」です。これに否定の "un" がついて、unqualified「無資格の・無条件の」となりました。

(B) unconvinced「納得していない・確信が持てない」
動詞 convince は「納得させる・確信させる」で、その過去分詞形が convinced「確信させられた」→「確信して」です。これに否定

の "un" がついて、unconvinced「納得していない・確信が持てない」となりました。

(C) unsatisfactory「満足できない・不十分な」

(D) unsure「確信のない・確実でない」
sure「確信している」に否定の "un" がついた単語が、unsure「確信のない・確実でない」です。be unsure of ~「~に確信が持てない」の形が大事です（この of は「~について」という意味）。

□ **stay** 宿泊／□ **in any way** 何らかの・少しでも／□ **fill out** 記入する／□ **feedback form** ご意見フォーム・評価記入用紙

Allamanda ホテルでの宿泊に少しでもご不満がありましたら、ご意見フォームに記入してお知らせください。　　　正解 C

問題

All records stored at the Pangani Clinic are password protected to secure ------- patient data.

(A) confidential
(B) confiding
(C) confidentially
(D) confide

ここで
解く！

All records stored at the Pangani Clinic are password protected to secure ------- patient data.

核心 50　Part 5 頻出の confidential「機密の」

All records stored at the Pangani Clinic「Pangani クリニックに保管されているすべての記録」が S、are password protected「パスワードで保護されている」が V で、to ~ が副詞のカタマリになると考えます（不定詞の副詞的用法「～するために」）。to secure ------- patient data「------- 患者データを守るために」で（secure は動詞「守る」）、空所には直後の patient data を修飾する単語が入るはずです。

形容詞の (A) confidential「機密の・社外秘の」を選び、confidential patient data「社外秘の患者データ」とすれば OK です。(D) confide は動詞「信頼する」で、形容詞 confidential は「信頼がある」→「機密の」となりました。最近は日本でも、郵便物に「親展」

と書いてあるそばに confidential と表記されることが増えています。

 store と secure は 動詞が大事

今回は All records stored at the Pangani Clinic「Pangani クリニックに保管されているすべての記録」が S で、過去分詞 stored ~ が All records を後ろから修飾していました。store は名詞「店」以外に、**「保管する」という動詞が大切**なので、「**店（store）は商品を保管する場所**」と考えるとよいでしょう。

また、secure は形容詞「安全な・確実な」だけでなく、**動詞も大事**です。**「安全な」→「（安全に）守る・保管する／（安全に）固定する」**、さらに**「（手元に）固定する」→「確保する」**の意味があります。今回は secure が「守る」として使われ、secure confidential patient data「社外秘の患者データを守る」となるわけです。Part 1 では、be secured to a pole「柱に固定されている」と使われることもあります。

選択肢 Check

(A) confidential 形「機密の」
(B) confiding 形「人を信用しやすい」
confide「信頼する」という動詞の -ing 形で、「（他の人を）信頼するような」→「人を信用しやすい・信じやすい」となりました。
(C) confidentially 副「秘密の話として・内密に」

confidential「機密の」の副詞形です。
(D) confide 動「信頼する・打ち明ける」
名詞 confidence「自信・信頼・秘密」や、形容詞 confident「自信がある」との関連がわかれば覚えやすいでしょう。

□ **password protect** パスワードで保護する／□ **patient** 患者 ※形容詞「我慢強い」と名詞「患者」の 2 つの意味が大事です。「我慢強くしなければいけない人」→「患者」と考えれば OK です。

Pangani クリニックに保管されているすべての記録は、社外秘の患者データを守るためにパスワードで保護されています。

 正解　A

問題

If you cannot keep your dental appointment, please call our office 24 hours ------- to reschedule.

(A) otherwise
(B) only
(C) nearly
(D) beforehand

ここで
解く！　If you cannot keep your dental appointment, please call our office 24 hours ------- to reschedule.

🎯 **核心** 51　beforehand ≒ in advance

コンマ以降は、命令文 please call our office「当院にお電話ください」で文としては完成しています。よって、24 hours ------- to reschedule は副詞の働きをすると考えます。

(D) beforehand「前もって」を選んで、please call our office 24 hours <u>beforehand</u> to reschedule「日程変更のために 24 時間前までに当院までお電話ください」とすれば OK です。24 hours が beforehand を修飾して、「どれくらい前か？」を表しています。before は「前置詞・接続詞」ですが、beforehand は「形容詞・副詞」です。

※似た意味の表現として、in advance「事前に・前もって」も TOEIC 頻出です。

appointment は
「（病院の）予約」が大事

日本語で「アポ（イントメント）」と言うと、主に「仕事での約束」を表しますが、**appointment は本来「それなりの職についた人との面会」を表します**。「医者との面会」→「病院の予約」の意味で頻繁に使われ、keep an appointment は「予約をキープする」→「予約を守る」です。

また、文末の reschedule は「再び（re）スケジュールを組む（schedule）」→「予定を変更する」です。日本語でも、スケジュール変更を「リスケする」とよく言いますが、これは reschedule のことです。

選択肢 Check

(A) otherwise「そうでなければ・他の点で・他の方法で」

「そうでなければ」の意味が有名ですが、「他の点で」「他の方法で」も大事です。otherwise = in another way と考えれば解決します（another は an other のこと）。way には「方法」と「点」という意味があるので、「他の (other) 点 (way) で」→「他の点で」、「他の (other) 方法 (way) で」→「他の方法で」となるわけです。

(B) only「〜だけ」

SV(,) only to do「SV だが、（結局）〜しただけだった」という用法が重要です。

(C) nearly「ほとんど・ほぼ」

"≒" は「ニアリーイコール」と呼ばれ、「ほとんど同じ」を表します。

(D) beforehand「前もって」

□ **dental** 歯科の／□ **appointment** （病院の）予約／□ **reschedule** 予定を変更する

歯科の予約の都合が悪くなった場合は、日程変更のために 24 時間前までに当院にお電話ください。

正解 **D**

問題

The dishes served at Moonview Dining are made
------- of locally produced foods.

(A) absently
(B) popularly
(C) valuably
(D) entirely

ここで
解く！　The dishes served at Moonview Dining are made
------- of locally produced foods.

核心 52　entire の副詞形が entirely

The dishes served at ~「~で提供される料理」が S、are made が V
です。be made of 材料「材料から作られている」の形で、made と
of の間に空所があります。「全部が~から作られている」という文
意を考え、(D) entirely「完全に・まったく」を選べば OK です。

形容詞 entire「全体の」の副詞形が entirely「全部・完全に」で、
completely と同じイメージで考えれば OK です。今回は ~ are
made entirely of locally produced foods「~は完全に現地生産の食
材から作られている／全部が現地生産の食材から作られている」と
なります。

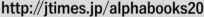

隠れポイント52) dish と多義語 serve

主語を正しく把握するためには、dish と serve がポイントです。dish は元々「円いもの」という意味で、そこから「皿」→「(皿にのっている) 料理」となりました。「メインディッシュ」とは「メインの料理」のことですね。Part 1 で皿・料理が並べられている写真は頻出です。

また、serve は「service する」と考えてください。serve の名詞形が service で、service の正しい意味は「形のない商品」です (日本語の「おまけ」という意味ではありません)。

【多義語 serve　核心：service する】
① (食べ物・飲み物を) 出す　② 勤務する・奉仕する・仕える
③ 役立つ

今回は「(食べ物・飲み物を) 出す」という意味で、The dishes served at ~「~で提供される料理」と使われています。これは店員が行う「形のない商品」ですね。

選択肢 Check

(A) absently「ぼんやりして・上の空で」
absent「欠席して」は、「ぽっかりと空いている」イメージです。absently は「心の中がぽっかり空いたまま」という感じです。
(B) popularly「多くの人々によって・一般に」
popular は本来「広く浸透した」で、「人気がある」や「一般的な」を表します。その副詞形が popularly です。
(C) valuably「有益に・高価に」
名詞 value は「価値」、形容詞 valuable は「価値のある」です (スポーツの MVP は most valuable player「最優秀選手」のこと)。
(D) entirely「全部・完全に」

□ **locally**　地元で・地域で／□ **produced**　生産された

Moonview ダイニングで提供される料理はすべて現地生産の食材から作られています。

 正解　D

問題

The Arcwell Law Firm has ------- its outstanding
reputation by providing affordable legal services to a
range of clients.

(A) taught
(B) treated
(C) earned
(D) caused

ここで
解く！

The Arcwell Law Firm has ------- its outstanding
reputation by providing affordable legal services to
a range of clients.

核心 53　earn ≒ get と考える！

The Arcwell Law Firm が S、has ------- が V、its outstanding
reputation が O になります。空所後の reputation に注目して、こ
れと相性の良い (C) earned を選べば OK です。earn a reputation
「評判を得る」という頻出表現で、has earned its outstanding
reputation「優れた評判を得た」となります。

earn は「稼ぐ」の訳語が有名ですが、TOEIC では目的語にお金以
外もよくとるので、earn ≒ get と考えるとよいでしょう。earn a
degree「学位を取得する」、earn respect「尊敬を勝ち取る・尊敬を
集める」なども TOEIC で大事な表現です。

106 ページでは win ≒ get と説明しましたね。win も earn も「get
と同じ感覚」と押さえておくことで、今回のように一瞬で解けるこ

とがよくあるのです。

隠れポイント 53 outstanding の 3 つの意味

今回は earn と reputation の間に、outstanding「優れた」が入っています。3 つの意味が大事な多義語です。

【多義語 outstanding　核心：目立った】
① 目立った　　　② 優れた　　　③ 未払いの

本来「頭 1 つ外に（out）立つ（standing）」で、そこから「目立った」→「（良い意味で目立つほど）優れた」となりました。「未払いの」の意味もありますが、これもまだ支払っていない部分が「目立つ」感覚です（outstanding balance「未払い残高」という表現が頻出）。

選択肢 Check

(A) taught「教えた」
teach は「（知識や技術などをきちんと）教える」という意味です。単に「（相手が知らない情報を）教える」場合には tell、「（視覚で示して）教える」場合には show を使います。
(B) treated「扱った」

本来「取り扱う」で、「患者を取り扱う」→「治療する」、「良い扱いをする」→「おごる／ごちそう・楽しみ」の意味があります。
(C) earned「得た」
(D) caused「引き起こした」
「原因 cause 結果」という関係を押さえてください。

□ **law firm**　法律事務所／□ **outstanding**　優れた／□ **reputation**　評判／□ **provide**　提供する／□ **affordable**　手頃な価格の　※ afford「〜の余裕がある」に "-able" がついて、「余裕で購入されることができる」→「手頃な価格の」となりました。／□ **legal**　法律の／□ **a range of ~**　さまざまな〜／□ **client**　顧客

Arcwell 法律事務所は、さまざまな顧客に安価な司法サービスを提供することによって、きわめて高い評判を得ました。

 正解　C

問題

Monthly passes to the Haywood Lane parking garage are ------- for $80.

(A) vacant
(B) constant
(C) ordinary
(D) available

ここで
解く！　Monthly passes to the Haywood Lane parking garage are ------- for $80.

核心 54　available は「スタンバイ OK」のイメージ

Monthly passes to ~「～の 1 カ月定期券」が S、are が V で、空所には C が入ります。「1 カ月定期券が買える」という意味を考え、(D) available を選べば OK です。

available は TOEIC での超重要単語です。「利用できる・手に入る・都合がつく」などと訳語が羅列されがちですが、**すべて「スタンバイ OK」というイメージが根底にあります。**

【available の意味　核心：スタンバイ OK】
① 利用できる　　　② 手に入る　　　③ 都合がつく

「Wi-Fi などがスタンバイ OK」→「利用できる」、「店で商品がスタンバイ OK」→「手に入る」、「人がスタンバイ OK」→「都合がつく」と考えれば、3 つの意味もマスターできます。

今回も「定期券がスタンバイ OK」→「手に入る・購入できる」です。空所直後の for は「交換」を表し、are available for $80「80 ドルと交換に手に入る」→「80 ドルで買える」となります。

隠れポイント54 空所直前の parking garage につられない

空所直前の parking garage にだけ目がいくと、「駐車場」から連想しやすい (A) vacant「空いている」を選んでミスしてしまいます。あくまで S の中心は Monthly passes「1 カ月定期券」で、文の骨格は「1 カ月定期券は購入できる」ですね。

ちなみに、parking garage は「駐車する（parking）ための車庫（garage）・車庫のような駐車場」→「立体駐車場」です。park は動詞「駐車する・駐車させる」が大事で、駐車場にある "P" は parking「駐車場」を表しています。garage「車庫」は guard と関連があり、「車を（雨風・盗難から）ガードするもの」ということです。

選択肢 Check

(A) vacant「空いている」
"vac" は「空っぽ」を表し、vacation「休暇」は「仕事が空」ということです。
(B) constant「絶え間ない・一定の」
「コンスタントに」と言えば、「波がなく、常に一定に」ということ

です。本来「ずっと立っている（stant = stand）」という意味です。
(C) ordinary「普通の」
ordinary life「ありふれた（平凡な）人生」のように、「ありふれた・平凡な・並の」といった意味で使われることもあります。
(D) available「購入可能な」

□ **monthly** 1 カ月有効の・月々の／□ **pass** 券

Haywood Lane 駐車場の 1 カ月定期券は 80 ドルで買えます。

正解 D

055. The president of OBRAX Corporation was asked numerous questions about new product ------- at the general meeting.

(A) develops
(B) development
(C) developed
(D) developing

056. Siftston Minerals operates a limestone mine in Argentina that employs ------- 120 workers.

(A) approximately
(B) approximating
(C) approximated
(D) approximation

057. For the first time since the company's establishment, its board of directors has an equal number of men ------- women.

(A) nor
(B) and
(C) yet
(D) or

058. The research and development team at Intelletronics, Inc., deals ------- with voice recognition technologies.

(A) primarily
(B) relatively
(C) previously
(D) briefly

059. Fennell Airport's main runway will be ------- for quite a few weeks while maintenance is performed.

(A) taken off
(B) shut down
(C) showed up
(D) checked off

060. Tenants are expected to ------- clean all areas of the apartment before they move out.

(A) usefully
(B) thoroughly
(C) enough
(D) uniquely

解答・解説 ▶ p. 146-157

問題

The president of OBRAX Corporation was asked numerous questions about new product ------- at the general meeting.

(A) develops
(B) development
(C) developed
(D) developing

ここで解く！

The president of OBRAX Corporation was asked numerous questions about new product ------- at the general meeting.

◎ 核心 55　product development 「商品開発」

英文全体は、人 is asked a question about ~「人 は～について質問される」の形です。前置詞 about の後なので、new product ------- が名詞のカタマリになると考えます。(B) development「開発」を選んで、product development「商品開発」という TOEIC 頻出の複合名詞（名詞 + 名詞の表現）にすれば OK です。

※名詞 product を修飾する「過去分詞」が入ると考えて (C) developed を選ぶと、(×) new product developed at the general meeting「総会で開発された新しい商品」となり、文意が通りません。

ちなみに、今回の問題は従来の「選択肢を見てから問題のタイプを判断する」という解き方だと、選択肢はすべて形が違うので、単純

な「品詞問題」と判断するのが普通です。そして、時間に追われて
いる本番では、意味を確認せず、product を修飾する過去分詞 (C)
developed を選んでミスしてしまう人が多いのです。「前から読んで、
意味をとっていく」姿勢のほうが、こういったミスも減らせます。

隠れポイント55 重要な複合名詞をチェック

Part 5 では、今回のように「名詞 + 名詞」の表現が問われることが
あります。どれも Part 7 でよく出てくる重要なものです。

Chapter 2 | 055▶060

【TOEIC 頻出の「複合名詞」の例】
□ application form「申込書」 □ registration fee「参加費・登録料」
□ admission[entrance] fee「入場料」 □ enrollment fee「入学金・
登録料」 □ installment payment「分割払い」 □ office supplies
「事務用品」 □ job description「職務明細書」 □ job openings「就
職口」 □ keynote speaker「基調演説者」 □ retirement party「退
職パーティー」 □ safety inspection「安全点検」 □ salary increase
/ pay raise「昇給」 □ sales growth「売上の増大」 □ sales
representative「営業担当者」 □ shipping charge[fee]「配送料」
□ customer satisfaction「顧客満足」 □ employee performance
「従業員の業績」 □ departure time「出発時刻」 □ arrival time「到
着時刻」 □ product development「商品開発」 □ manufacturing
plant[facilities]「製造工場」 □ photo identification「写真付き身分
証明書」 □ employment seminar「雇用［就職］セミナー」

選択肢 Check

**(A) develop 動「開発する」の3
人称単数現在形**
(B) development 名「開発」

**(C) develop 動 の過去形・過去
分詞形**
(D) develop 動 の -ing 形

□ **numerous**　多くの／□ **general meeting**　総会

OBRAX 社の社長は株主総会で、新しい商品の開発について多くの質問
を受けました。

正解 B

問題

Siftston Minerals operates a limestone mine in Argentina that employs ------- 120 workers.

(A) approximately
(B) approximating
(C) approximated
(D) approximation

ここで解く！　Siftston Minerals operates a limestone mine in Argentina that employs ------- 120 workers.

核心 56　approximately ≒ about「約・およそ」

Siftston Minerals が S、operates「運営している」が V、a limestone mine in Argentina「アルゼンチンにある石灰石鉱山」が O です。その後の that は関係代名詞で、employs ------- 120 workers「-------120 人の労働者を雇っている」と続いています。120 workers を修飾する適切な単語は、(A) approximately「約・およそ」です。

形容詞 approximate は、approach「近づく」と語源が関連しており、「近づいていく」→「おおよその」となりました（127 ページ）。その副詞形が approximately「約・およそ」です。副詞は「名詞以外」を修飾するのが原則ですが、approximately は数字の直前に置いて、例外的に「名詞」を修飾できます。approximately ≒ about

と考えれば OK です。

【「ほとんど・約」の区別】

① about / around / approximately / roughly「約」
　※その数値の前後両方 OK
② almost / nearly「ほとんど」※その数値には達しない
③ barely「かろうじて」　　　※その数値をわずかに上回る

隠れポイント54 mine は「鉱山」

目的語の mine「鉱山」も大事な単語です（所有代名詞の mine「私のもの」とつづりも発音も同じ）。日本語で「ミネラルが豊富」などと言いますが、mineral「鉱物の」という単語は、実はこの mine「鉱山」が元になっています。

今回は目的語の a limestone mine in Argentina「アルゼンチンにある石灰石鉱山」を、関係代名詞 that ~ が修飾していました。このように「文中にきて、直後に動詞がある that は関係代名詞」という知識は、Part 7 でも役立ちます。「文中」というのは「先頭の That ではない」ということで、その直後に動詞 employs「雇う」がありますね。

選択肢 Check

(A) approximately 副「約・およそ」

(B) approximate 動「~に近い・~の近似値を求める」の -ing 形

(C) approximate 動の過去形・過去分詞形

(D) approximation 名「近づくこと・近似」

□ operate　運営する・経営する／□ limestone　石灰石／□ mine　鉱山
／□ employ　雇う／□ worker　労働者

Siftston Minerals は、アルゼンチンにある石灰石鉱山を運営しており、その鉱山では約 120 人の労働者が働いています。

正解　A

※後半の直訳は「その鉱山は約 120 人の労働者を雇っている」です。

問題

For the first time since the company's establishment, its board of directors has an equal number of men ------- women.

(A) nor
(B) and
(C) yet
(D) or

ここで
解く！ For the first time since the company's establishment, **its board of directors has an equal number of men ------- women.**

核心 57　an equal number of A and B

its board of directors「取締役会」が S、has が V、an equal number of ~ が O です。「男性と女性の数が同じ」という意味を考え、(B) and を選べば OK です。

have an equal number of A and B で、直訳「A と B の等しい数を持っている」→「A と B の数が同じだ」となります。**equal「等しい」は、「イコール（=)」のことだとわかれば簡単**ですね（英語 equal は「イークウェル」といった発音）。

隠れポイント 57　establishment と多義語 board

文頭は for the first time since ~「~以来初めて」という表現で、その後に establishment「設立・創業」が使われています。動詞

establish は「設立する」で、有名ブランドの看板・商品などに "established in 1941" などと設立年が書いてあります。その名詞形が establishment「設立・創業」です。

また、主語の a board of directors「取締役会」は TOEIC 超頻出の表現です。**重要多義語の board は核心「板」から攻略できます。**

> 【多義語 board　核心：板】
> ① 板・黒板　　② 役員・役員会　　③ 乗る　　④ 舞台・参加

board は文字通り「ボード（板）」で、そこから「黒板」→「黒板がある部屋・会議室」→「会議室に集まる人たち・役員会」と考えてください。a board of directors は「取締役の役員会」→「取締役会」です。

リスニングでは、「板の上に乗る」→「乗り物に乗る」という意味もよく出ます。さらに、「板」→「舞台の上に乗る」→「参加」という意味も重要で、on board「（仕事に）参加して」の形で使われます。

選択肢 Check

(A) nor「～でない」
neither A nor B「A も B もどちらも～でない」の形がよく狙われます。等位接続詞の重要表現をまとめてチェックしておきましょう。
① 並列系：both A and B「A と B 両方」／ either A or B「A か B どちらか」／ neither A nor B「A

も B もどちらも～でない」
② 対比系：not A but B「A でなく B」／ not only A but also B「A だけでなく B も」
(B) and「～と」
(C) yet「けれども」
(D) or「または」

□ **for the first time since ~**　～以来初めて／□ **establishment**　設立・創業／□ **board of directors**　取締役会／□ **equal**　等しい

会社の創業以来初めて、取締役会にいる男性と女性の数が同じになっています。

正解　B

問題

The research and development team at Intelletronics, Inc., deals ------- with voice recognition technologies.

(A) primarily
(B) relatively
(C) previously
(D) briefly

ここで解く！

The research and development team at Intelletronics, Inc., deals ------- with voice recognition technologies.

核心 58　primary は「最初の」→「重要な・主要な」

deal with ~「〜に取り組む」という表現で、deal と with の間に入る副詞が問われています。「研究開発チームは、------- 音声認識技術に取り組んでいる」で文意が通るのは、(A) primarily「主に」です。

形容詞 primary は本来「第一の・最初の」で、「一番」→「一番重要な・主要な」となりました。その副詞形が primarily「第一に・最初／主に」です。英英辞典では mainly「主に」と説明されていることが多く、primarily ≒ mainly と考えてもよいでしょう。

隠れポイント 58　「対処する・取り組む」を表す重要表現

どんなテーマでも「問題に直面」→「対処・取り組む」という流れはよく出るので、関連表現を一気にマスターしておきましょう。

【「対処する・取り組む」関連の頻出表現】

☐ deal with ~「〜に対処する・取り組む」
　※ with は「関連（〜について）・相手（〜に対して）」を表す

☐ cope with ~「〜に対処する・〜を乗り切る」
　※「大変なこと・悲しいことをどうにか乗り切る」イメージでよく使われる

☐ address「取りかかる・取り組む」　※ 27 ページ

☐ tackle「取り組む」
　※「問題・トラブルにタックルする」→「果敢に取り組む」

☐ handle「扱う・処理する」　※「（手で）扱う」→「処理する」

☐ take care of ~「〜を扱う・〜に対応する」
　※「〜の世話をする」の意味ばかり有名だが、ビジネスでは「（仕事などを）扱う・対応する・引き受ける」といった意味が大事

選択肢 Check

(A) primarily「主に」
(B) relatively「比較的」
動詞 relate は「関係付ける」で、relative は「他と関係付ける（relate）性質（ive）」→「相対的な・関連した」、「関連した人」→「親戚・親族」の意味があります。副詞形が relatively「（相対的に他者と比べて）比較的」です。
(C) previously「前に」
"pre" は「前」を表します。

previously「以前は」は「以前は〜だったが、今は違う」という展開でよく使われる重要単語です。
(D) briefly「簡単に」
brief「短い・簡潔な／要約」は、日本語でも「ブリーフ・ケース」と使われています（=「（書類など）簡易なものを入れるケース」のイメージ）。その副詞形が briefly「簡単に」です。

☐ **research** 研究／☐ **development** 開発／☐ **recognition** 認識

Intelletronics 株式会社の研究開発チームは、主に音声認識技術に取り組んでいます。

正解	A

問題

Fennell Airport's main runway will be ------- for quite a few weeks while maintenance is performed.

(A) taken off
(B) shut down
(C) showed up
(D) checked off

ここで
解く！

Fennell Airport's main runway will be ------- for quite a few weeks while maintenance is performed.

核心 59　shut down は「下に閉じる」

Fennell Airport's main runway「Fennell 空港のメインの滑走路」が S、will be ------- が V で、for ~ が副詞句になると考えます。

「滑走路が整備中に何週間にもわたって ------- 予定」という文意に合うのは、(B) shut down「閉鎖される」です。助動詞＋受動態で、will be shut down「閉鎖される予定だ」となります（shut は shut - shut - shut という無変化型）。

shut down は「下に（down）閉じる（shut）」→「閉める・閉鎖する・停止する・電源を切る」です。日本語でも、「パソコンをシャットダウンする」＝「パソコンの電源を切る」と言いますね。

隠れポイント 59　ミスが多い quite a few ~ と perform

a few は「少ししかない」ではなく、「（少し）ある」という意味なので、quite a few は「すごくある」→「たくさん」となります。quite a few weeks は「何週間も」です。

英文全体は SV while sv.「sv の間に SV だ」の形で、従属節は while maintenance is performed「メンテナンスが行われている間・整備中」となっています。perform は勘違いしやすい単語で、「パフォーマンス」と聞くと、何か派手な芸を浮かべがちですが、本来 perform は「完全に行う」です（per は perfect の意味）。

名詞形 performance も「遂行・実行・実績」といった意味が基本です。financial performance「財務実績」、job performance「業務実績」、performance review「勤務評定」などが TOEIC 頻出です。

選択肢 Check

(A) take off「離陸する・脱ぐ」の過去分詞形
off は「分離」を表し、「飛行機の動作に取りかかり（take）、地面から離れる（off）」→「離陸する」、「服を手に取り（take）、体から離す（off）」→「脱ぐ」となりました。
(B) shut down「閉める・閉鎖する・停止する・電源を切る」の過去形・過去分詞形
(C) show up「現れる・来る」の

過去形・過去分詞形
「自分の体を示して（show）現れる（up）」→「現れる・来る」となりました。
(D) check off「チェックマークを入れる」の過去形・過去分詞形
「チェックを入れて（check）、その項目・仕事から離れる（off）」→「チェックマークを入れる」と考えればよいでしょう。

□ **runway**　滑走路　※「飛行機が走る（run）道（way）」→「滑走路」となりました。／□ **quite a few**　たくさんの／□ **maintenance**　メンテナンス・整備／□ **perform**　行う

Fennell 空港のメイン滑走路は、整備中、何週間にもわたって閉鎖される予定です。

正解　B

155

問題

Tenants are expected to ------- clean all areas of the apartment before they move out.

(A) usefully
(B) thoroughly
(C) enough
(D) uniquely

ここで
解く！　Tenants are expected to ------- clean all areas of the apartment before they move out.

核心 60　thoroughly は「サラブレッド」と関連づける

空所前後は be expected to *do*「〜する必要がある」の形で、to と動詞の原形（clean）の間に空所があります。空所には clean を修飾する語が入るはずなので、「どのようにきれいにするか？」を考え、(B) thoroughly「徹底的に」を選べば OK です。

形容詞 thorough「徹底的な・完全な」の発音は「サーロウ・サラ」の 2 種類ありますが、「**サラ**ブレッド（**thorough**bred）」＝「**完全な育ちの純血馬**」と関連づけると覚えやすいでしょう。その副詞形が thoroughly「徹底的に・完全に」です。

ちなみに、今回は be expected to (thoroughly) clean 〜「（徹底的に）〜をきれいにする必要がある」で、"to ＋ 副詞 ＋ 原形" の形になり

ます。これは「分離不定詞」と呼ばれ、文法書では例外扱いですが、実際にはよく使われます。

 隠れポイント60 tenant と be expected to *do*   Part 3 Part 4 Part 7

文頭の tenant は「貸し手」と勘違いする人が多いのですが、**正しい意味は「部屋を借りる人・賃借人」です。**ビルに「テナント募集」と書いてありますが、これは「部屋を借りる人を募集している」ということですね。

その後の be expected to *do* は 3 つの訳語が羅列されがちですが、**すべて直訳「〜すると思われている」から考えれば攻略可能です。**

【be expected to *do* ≒ be supposed to *do*】
① 「〜すると思われている」
② 「〜することになっている」【予定】
③ 「〜しなければならない」【義務】

※たとえば「TOEIC700 点を取ると思われている」とは、「700 点を取る予定」であり、「700 点を取らないといけない」とも解釈できますね。

選択肢 Check

(A) usefully「役立つように」
useful「役立つ」の副詞形です。
(B) thoroughly「徹底的に」
(C) enough「十分に」
形容詞・副詞 enough to *do*「〜するほど(十分に)形容詞・副詞だ」の形が大切です。名詞は前・後ろのどちらからでも修飾できま

すが、形容詞・副詞は必ず「後ろから」修飾します。
(D) uniquely「独特に」
日本語の「ユニーク」は「面白い」という印象が強いですが、英語のuniquely は「それ 1 つだけで」→「独特に・独自に」という意味です。

☐ **move out** 立ち退く・出ていく

居住者は、部屋を立ち退く前に物件のあらゆる場所を徹底的にきれいにする必要があります。

正解 B

なぜ単語を覚えられないのか?
── 日本語訳の工夫

単語が覚えられない原因といえば、誰もが「努力が足りない・記憶力が弱い」と自分を責めてしまいますよね。でも、たまには人のせいにしてみてもいいのではないでしょうか。そもそも最初に教えてくれる先生や単語帳の訳語がちょっと… ということもよくあるのです。

高校に入学するとすぐに教えられる lie・lay という単語があります。lie は「横たわる」、lay は「横たえる」と教わります。でも、普段「ネコがソファに横たわっている」「駅前に自転車、横たえてきた」なんて絶対に言いませんよね。決して間違いではありませんが、これからは lie は「いる・ある」、lay は「置く」と覚えるのがいいと思います。

> lie「横たわる」→「いる・ある」(lie – lay – lain)
> lay「横たえる」→「置く」(lay – laid – laid)

もう1つ、counterpart という単語も辞書や単語帳では「よく似たものの一方」と訳されますが、これまたピンとこない訳語です。そこで counterpart は「○○版・○○バージョン」くらいに考えてみてください。

> The stuffed rabbit costs more than its living counterpart.
> そのウサギの剝製は、本物のウサギより高くつく。
> ※ stuffed「ものを詰められた」→「剝製の・ぬいぐるみの」
>
> counterpart = rabbit で、living counterpart「ウサギの本物版・生きてるバージョン」ということです。

Chapter 3

語彙増強の
上昇気流に乗る
30問

061. When the ------- of the main exhibition gallery is complete, the room will look like it did 120 years ago.

(A) application
(B) ambition
(C) relation
(D) restoration

062. *Tillers Quarterly* contains ------- information for crop farmers who want to improve their cultivation practices.

(A) practical
(B) convinced
(C) habitual
(D) reassured

063. The ultrasound machine soon to be launched by Medflex Solutions will only ------- be available in the United States.

(A) functionally
(B) relatively
(C) positively
(D) initially

6問を1分30秒〜2分で解く

064. Applications for a replacement driver's license must be submitted with a copy of photo -------.

(A) identification
(B) identifies
(C) identifying
(D) identity

065. Mayor Byron invited residents to participate in a public hearing regarding the ------- construction of a waste processing facility on Ashworth Road.

(A) interested
(B) acquainted
(C) proposed
(D) accustomed

066. Ms. Elmore was put in charge of making travel ------- for employees going to the Dhaka Trade Fair.

(A) arrangements
(B) arranges
(C) arranged
(D) arranging

Chapter 3 | 061▸066

解答・解説 ▶ p. 162-173

問題

When the ------- of the main exhibition gallery is
complete, the room will look like it did 120 years
ago.

(A) application
(B) ambition
(C) relation
(D) restoration

ここで
解く！ When the ------- of the main exhibition gallery is
complete, the room will look like it did 120 years
ago.

核心 61　restore は「再び（re）元の状態に戻す」

When 節は the ------- of the main exhibition gallery が s、is が v、
complete が c です（この complete は形容詞「完了した・終わった」）。
「メインの展示ギャラリーの ------- が終わると〜」という文意に合
うのは、(D) restoration「修復」です。

動詞 restore「修復する」は "re"「再び」に注目して、「再び元の状
態に戻す」→「修復する」と考えればよいでしょう。この名詞形が
restoration「修復」です。車好きな人は「レストア（古い車を<u>回復</u>
<u>して</u>走れるようにすること）」と聞いたことがあるかもしれません。

隠れポイント 61　TOEIC で定番の「改装・改修」

TOEICでは、博物館・美術館・お店・オフィスなど、あらゆるものが「改装・改修で使えない」という状況が頻繁に生じます。そのため、「改装・改修」関係の語句はとても大事です。

【「改装・改修」関連の重要語句】

□ restore「修復する」　　　　　□ restoration「修復」

□ renovate「改修する」　　　　　□ renovation「改修」

※日本語でも「ビルのリノベーション」と言ったりしますね。

□ remodel「改装する」　　　　　□ remodeling「改装」

※「再び (re) 作る (model)」→「改装する」

□ refurbish「改装する」　　　　□ refurbishment「改装」

※「再び (re) 磨く (furbish)」→「改装する」

□ redecorate「改装する」　　　□ redecoration「改装」

※「再び (re) デコレートする・装飾する (decorate)」→「改装する」

選択肢 Check

(A) application「**適用・申し込み（書）**」

apply は本来「ピタッとくっつける」で、「ある事象にピタッとくっつける」→「当てはまる・適用する」、「自分の気持ちを〜に向けてくっつける」→「申し込む」となりました。その名詞形です。

(B) ambition「**野心**」

形容詞 ambitious「野心がある」は、Boys, be ambitious!「少年よ、大志を抱け」（クラーク博士の言葉）で有名ですね。

(C) relation「**関係**」

動詞 relate は「関係付ける」で、その名詞形が relation「関係」です。relationship「関係」と関連づけて覚えるとよいでしょう。

(D) restoration「**修復**」

□ **exhibition**　展示／□ **gallery**　ギャラリー・画廊／□ **look like ~**　〜のように見える　※本来は前置詞ですが、現在では接続詞として使われ、後ろに sv がくることもよくあります。ちなみに後ろの did は「代動詞」と呼ばれるもので、同じ単語の繰り返しを避けるために、前に出てきた動詞の代わりに使います（今回の did は looked like のこと）。

メインの展示ギャラリーの修復が終われば、その部屋は 120 年前と同じように見えるでしょう。　　　　　　　　　正解　D

163

問題

Tillers Quarterly contains ------- information for crop farmers who want to improve their cultivation practices.

(A) practical
(B) convinced
(C) habitual
(D) reassured

ここで
解く！ *Tillers Quarterly* contains ------- information for crop farmers who want to improve their cultivation practices.

核心 62　practical information
「実際に役立つ情報」

Tillers Quarterly が S、contains が V で、------- information for ~ が O になります。直後の名詞 information を修飾する語句として適切なのは、(A) practical「実用的な・実際に役立つ」です。practical information for ~「~にとって実際に役立つ情報」となります。

動詞 practice は本来「実行する」という意味で（「実際に行う」→「練習する」の意味が有名ですね）、形容詞 practical は「実際に行うときに役立つ」→「実用的な」となりました。

practice もさまざまな意味を持つ重要多義語なので、「（何度も）実行する」という核心から 4 つの意味を確認しておきましょう。

┌───┐
│ 【多義語 practice　核心：何度も実行する】   │
│ ① 実行する／実行   │
│ ② (医者・弁護士が) 開業する／開業・実務　※治療などを実行する   │
│ ③ 練習する／練習　　　　　　※何度も実行する   │
│ ④ 習慣的に行う／習慣・方法　※何度も実行する   │
└───┘

※文末の their cultivation practices は、「耕作の実行（方法）」→「耕作のやり方・耕作作業（技術）」と考えればよいでしょう。

隠れポイント 62 convinced vs. convincing

convince の意味は「納得させる・確信させる」なので、過去分詞 convinced は「納得・確信<u>させられた</u>」→「納得・確信した」を表します。そのため、(B) convinced を選ぶと、「情報が納得させられる」という受動関係で意味が通りません。

それに対して、現在分詞の convincing は「納得・確信させるような」という意味です。よって、(○) convincing information であれば、「納得・確信させるような情報」→「説得力のある情報」となります。

選択肢 Check

(A) practical「実際に役立つ」
(B) convinced「確信している」
(C) habitual「習慣的な」
名詞 habit は have「持つ」と語源が同じで、「習慣として個人が持つようになったもの」→「習慣・癖」となりました。

(D) reassured「安心した」
動詞 reassure は「何度も (re) 保証する (assure：sure と関連)」→「安心させる」です。その -ing 形が reassuring「安心させるような」、p.p. 形が reassured「安心させられた」→「安心した」です。

□ **quarterly**　季刊誌　※ quarter は「4 分の 1」を表し、quarterly は「4 分の 1 の・年 4 回の」という副詞だけでなく、名詞で「季刊誌（年に 4 回刊行される雑誌）」の意味もあります。／□ **contain**　含む・載せている／□ **crop**　作物／□ **farmer**　農家の人／□ **cultivation**　耕作　※ "cult" は「耕す」を表し、culture は「心を耕す」→「文化」です。

Tillers Quarterly 誌には、耕作作業（技術）を改善したいと思っている農家の人にとって実際に役立つ情報が載っています。

 正解　A

問題

The ultrasound machine soon to be launched by Medflex Solutions will only ------- be available in the United States.

(A) functionally
(B) relatively
(C) positively
(D) initially

ここで
解く！

The ultrasound machine soon to be launched by Medflex Solutions will only ------- be available in the United States.

核心 63　「過去と現在の対比」を表す initially

The ultrasound machine soon to be launched by Medflex Solutions 「Medflex Solutions から近々発売される超音波機」が S、will only ------- be が V、available が C です。

「近々発売される超音波機は、------- アメリカでのみ入手可能」という文意に合うのは、(D) initially「最初は」です。will only <u>initially</u> be available in ~「最初は～でのみ入手可能な予定」となります。

形容詞 initial は「最初の」で、日本語でも「（名前の）イニシャル」＝「最初の文字」と使われていますね。その副詞形が initially で、Part 3・4 や Part 7 でも大事な「含み表現」です。「最初は～」ということは、「今は違う」「これから変わる」という内容を示唆しており、

そこが設問でよく問われるのです。

こういった**過去・現在・未来のどれかを暗示する「含みのある表現」には必ず注目するようにしましょう**。previously「以前は」（153ページ）、originally「元々は・最初は」（37ページ）、formerly「元々は」（47ページ）、traditionally「伝統的に・従来は」もTOEIC頻出です。

 launch は「発売する・開始する」の意味が大事

主語を正しく理解するためには、launch がポイントになります。launch は本来「ロケットを打ち上げる」という意味で、「別の業界・市場に（新事業・新製品を載せた）ロケットを打ち込む」→「開始する・発売する／発売」となりました（41ページ）。

TOEICではこちらの意味が頻出で、今回は The ultrasound machine soon to be launched by Medflex Solutions「Medflex Solutions から近々発売される超音波機」となっています。

選択肢 Check

(A) functionally「機能的に」
function は「機能（する）」で、41、95ページでも使われていました。その形容詞形が functional「機能する・機能的な」、副詞形が functionally「機能的に」です。
(B) relatively「比較的」

※ 153ページ
(C) positively「前向きに」
日本語でも「ポジティブな人」と言いますね。positive「前向きな・良い」の副詞形が positively「前向きに」です。
(D) initially「最初は」

□ ultrasound　超音波（の）／□ machine　機械／□ soon　まもなく・近々／□ launch　発売する／□ available　手に入る

Medflex Solutions から近々発売される超音波機は、初めはアメリカ国内でのみ入手可能になる予定です。 **正解 D**

問題

Applications for a replacement driver's license must be submitted with a copy of photo -------.

(A) identification
(B) identifies
(C) identifying
(D) identity

ここで
解く！　Applications for a replacement driver's license must be submitted with a copy of photo -------.

核心 64　photo identification 「写真付き身分証明書」

Applications for a replacement driver's license 「運転免許証の再発行の申請書」が S、must be submitted 「提出されなければならない」が V で、with ～ と続いています。

with a copy of photo ------- で、前置詞 of の直後なので photo ------- は「名詞のカタマリ」になるはずです。「申請書と一緒に提出されるもの」を考え、photo identification 「写真付き身分証明書」とすれば OK です。TOEIC 頻出の複合名詞になります（147 ページ）。

identify 「身分を特定する」の名詞形が、identification 「身分を特定するもの」→「身分証明書」です。「ID カード（identification card）」とは、「身分を証明するカード」のことですね。employee identification card なら「社員証」を表し、こちらも Part 7 でよく出てきます。

隠れポイント " **identity・identify の意味は？**

(D) identity は辞書には「自己同一性・主体性」など小難しい意味が並んでいますが、「自分らしさ・正体・身元」と考えるとわかりやすいと思います。「**人混みに埋もれている中で 1 人だけ目立って・区別されて、スッと浮かび上がる**」ようなイメージです。

また、動詞 identify は「**正体・身元（identity）をはっきりさせる**」→「**確認する・特定する・発見する**」と考えれば OK です。「何だかわかる・誰だかハッキリする」というイメージを持つとよいでしょう。

ちなみに、文頭の Applications for ~ は「〜の申込書」です。apply は本来「**ピタッとくっつける**」で、「当てはまる・適用する／申し込む」の意味がありましたね（163 ページ）。その名詞形が application「適用／申し込み（書）」です。

【多義語 apply　核心：ピタッとくっつける】
① 当てはまる・適用する
　※ apply to ~「〜に当てはまる」／ apply A to B「A を B に適用する」
② 申し込む　※ apply for ~「〜に申し込む」

選択肢 Check

(A) identification **名**「身分証明書」
(B) identify **動**「身元を確認する」
の 3 人称単数現在形
(C) identify **動**の -ing 形
(D) identity **名**「身元」

□ **application**　申込書／□ **replacement**　再発行／□ **driver's license** 運転免許（証）／□ **submit**　提出する

運転免許証の再発行の申請書は、写真付き身分証明書のコピーと一緒に提出する必要があります。

正解　A

問題

Mayor Byron invited residents to participate in a public hearing regarding the ------- construction of a waste processing facility on Ashworth Road.

(A) interested
(B) acquainted
(C) proposed
(D) accustomed

ここで解く！

Mayor Byron invited residents to participate in a public hearing regarding the ------- construction of a waste processing facility on Ashworth Road.

◎核心 65　propose「提案する」のp.p. 形

英文全体は invite 人 to *do*「人 に〜するよう頼む」の形で、to 〜 以下には participate in 〜「〜に参加する」がきています（invite は「頼む・勧める・呼びかける」といった意味でもよく使われます）。

そして、a public hearing regarding 〜「〜に関する公聴会」、the ------- construction of 〜 と続いています。空所には、直後の construction of 〜「〜の建設」を修飾する単語が入ると考え、(C) proposed「提案された」を選べば OK です。

propose は「前に（pro）置く（pose）」→「提案する」で、その過去分詞形が proposed「提案された」です。the proposed construction of 〜「提案された〜の建設・〜を建設するという案」

となります。

隠れポイント65 「〜について」を表す前置詞 Part3 Part4 Part7

a public hearing <u>regarding</u> the proposed construction of ~「〜を建設するという案に関する公聴会」では、regarding「〜に関する」もポイントです。本来は regard「みなす・考える」が分詞構文になったもので、「〜について考えると」→「〜に関して」となりました。こういった、about と似た表現をまとめてチェックしてきましょう。

【「〜に関する」を表す表現】
☐ concerning ~   ☐ regarding ~
☐ with[in] regard to ~   ☐ pertaining to ~

選択肢 Check

(A) interested「興味を持った・関心のある」
interest は「〜の間 (inter) に立って、相手の関心を引く」→「興味を持たせる」です。interesting は「興味を持たせるような」→「興味深い・面白い」、interested は「興味を持たせられた」→「興味を持った・関心のある」となります。

(B) acquainted「知っている」
acquaint は「知らせる・知り合いにさせる」で、acquaint 人 with 物「人に物を知らせる」の形をとります (provide と同じ語法)。受動態の形 be acquainted with ~「〜を知らされている」→「〜を知っている」でよく使われます。

(C) proposed「提案された」

(D) accustomed「慣れている」
be accustomed to -ing「〜することに慣れさせられている」→「慣れている」の形が重要です (この to は「前置詞」)。

☐ **mayor** 市長／☐ **invite** 人 **to** *do* 人に〜するよう頼む・呼びかける／☐ **resident** 住民／☐ **participate in ~** 〜に参加する／☐ **public hearing** 公聴会／☐ **regarding** 〜に関する／☐ **waste** 廃棄物／☐ **processing facility** 処理施設

Byron 市長は、Ashworth 通りに廃棄物処理場を建設するという案に関する公聴会に出席するよう住民に呼びかけました。

正解 **C**

問題

Ms. Elmore was put in charge of making travel
------- for employees going to the Dhaka Trade Fair.

(A) arrangements
(B) arranges
(C) arranged
(D) arranging

ここで
解く！　Ms. Elmore was put in charge of making travel
------- for employees going to the Dhaka Trade
Fair.

核心 66　travel arrangements
「旅行・出張の手配」

be put in charge of ~「~を任される」の後ろは、making travel
------- となっています。be put in charge of ~ は、直訳「~を担当し
た状態に（in charge of ~）置かれる（be put）」→「~を任される」
です。

※ in charge of ~「~を担当して」は 48、115 ページで説明しましたね。

(A) arrangements「手配」を選んで、travel arrangements「旅行・
出張の手配」という表現にすれば OK です。making travel
arrangements「出張の手配をすること」となります（動名詞
making の O が travel arrangements）。

make arrangements「手配する」、travel arrangements「出張

の手配」はどちらも TOEIC 頻出で、今回はこの 2 つが組み合わさり、make travel arrangements「出張の手配をする」となっています。

隠れポイント⁶⁶ arrange は本来「きちんと並べる」

make arrangements「手配する」という表現は TOEIC 頻出ですが、ここでは単に丸暗記で済ませるのではなく、動詞 arrange からきちんと理解していきましょう。

arrange は「毛先をアレンジ」のような「変化を加える」イメージを持っている人が多いのですが、それは全部忘れてください。本来は「きちんと並べる」という意味で、「ビジネス上でいろいろな事柄をきちんと並べて整えていく」→「取り決める・手配する」となりました。

【多義語 arrange　核心：きちんと並べる】
① きちんと並べる・整える　　② 取り決める・手配する

この名詞形が arrangement「手配」となるわけです。ちなみに、この意味では「あれやこれやの手配」ということで、複数形 arrangements で使われます。

選択肢 Check

(A) arrangement 名「手配」の複数形

(B) arrange 動「手配する」の 3 人称単数現在形

(C) arrange 動 の過去形・過去分詞形

(D) arrange 動 の -ing 形

□ in charge of ~　～を担当して／□ make arrangements　手配をする・準備をする／□ travel　出張・旅行／□ employee　従業員／□ trade fair　展示会・見本市

Elmore さんは、ダッカ展示会に行く従業員のための出張の手配を任されました。

正解　A

067. During the meeting, an executive officer ------- the need to allocate more funds to the research department.

(A) turned
(B) raised
(C) lifted
(D) upgraded

068. In October, Jorcell, Inc., ------- an offer to acquire Volsolar, a maker of solar energy products.

(A) cleared out
(B) got away
(C) heard from
(D) turned down

069. Because seating in the library conference room is limited to 50, advance ------- for Mr. Rutledge's talk is recommended.

(A) register
(B) registration
(C) registered
(D) registries

6問を1分30秒～2分で解く

070. The Brigham Community Center will be closed on Tuesday, November 23 in ------- of the national holiday.

(A) observes
(B) observer
(C) observant
(D) observance

071. The seminar will provide an overview of a new cybersecurity regulation, scheduled to take ------- on January 10.

(A) effect
(B) effects
(C) effective
(D) effectively

072. When arriving for a meeting at Crossroad Technologies, you must ------- photo identification at the entrance.

(A) present
(B) conduct
(C) watch
(D) state

解答・解説 ▶ p. 176-187

Chapter 3 | 067 ▶ 072

175

問題

During the meeting, an executive officer ------- the need to allocate more funds to the research department.

(A) turned
(B) raised
(C) lifted
(D) upgraded

ここで
解く！

During the meeting, **an** executive **officer** ------- **the need** to allocate more funds to the research department.

核心 *67*　多義語の raise を攻略　

an executive officer「役員」が S、空所に V が入り、the need to *do*「〜する必要性」が O になります。「役員は〜する必要性を<u>提起した</u>」という意味を考え、(B) raised を選べば OK です。

raise は本来「上げる」で、「話題・議題に挙げる」→「**取り上げる・提起する**」といった意味があります。TOEIC では raise money「お金を集める」の使い方で出てくることが多いですが（62 ページ）、800 点以上を目指す方はぜひ今回の意味まで押さえておいてください。ちなみに、bring up「取り上げる・提起する」との言い換えが狙われることもあります（直訳は「上に（up）持ってくる（bring）」です）。

空所直後の the need to *do*「〜する必要性」では、to は「同格」を表しています。the need を to allocate more funds to 〜 が詳しく説明しているわけです。84 ページで同格の to をとれる特定の名詞を紹介しましたが、ここではもう 1 つのパターンを確認しておきましょう。「元々 to をとる表現が名詞化されたもの」です。

【同格関係を作る「抽象名詞」の例】
☐ plan「計画」　　☐ need「必要性」　☐ wish「願い」
☐ promise「約束」☐ decision「決定」☐ ability「能力」
☐ attempt「試み」☐ offer「提案」　　☐ agreement「合意・契約」

たとえば、動詞 need は need to *do*「〜する必要がある」の形をとりますね。名詞で使われたときも同様に後ろに to をとって、the need to *do*「〜する必要性」となるわけです。

選択肢 Check

(A) turned「回転させた」
turn は本来「回転する」で、「回転」→「順番」の意味も大事です。It's your turn.「あなたの番ですよ」や、take turns (in) -ing「交代で〜する」と使われます。
(B) raised「提起した」
(C) lifted「持ち上げた」
日本語でも「(スキー場の) リフト」

＝「人を高い場所に持ち上げる機械」と使われています。
(D) upgraded「更新した・改良した」
「グレード(grade)を上げる(up)」→「更新する・改良する」で、日本語でも「グレードアップ」と使われていますね。

☐ **executive officer**　役員・幹部／☐ **need**　必要性／☐ **allocate**　割り当てる　※「〜に (al ＝ 前置詞 at の変形) 時間・お金を置く (locate)」→「割り当てる」です。今回は allocate A to B「A を B に割り当てる」の形で使われています。／☐ **fund**　資金／☐ **research department**　研究部

会議中、研究部にもっと多くの資金を割り当てる必要性をある役員が提起しました。

正解　**B**

問題

In October, Jorcell, Inc., ------- an offer to acquire Volsolar, a maker of solar energy products.

(A) cleared out
(B) got away
(C) heard from
(D) turned down

ここで
解く！ > In October, **Jorcell, Inc., ------- an offer** to acquire Volsolar, a maker of solar energy products.

核心 68　turn down は「親指を 下に向ける」→「断る」

Jorcell, Inc., が S、空所に V が入り、an offer to *do*「～するという 提案」が O になっています。

「提案をどうした？」と考え、(D) turned down「断った」を選べば OK です。turn down は「親指を下（down）に向ける（turn）」 →「**断る**」となりました。親指を下に向けるブーイングのポーズです。

ちなみに thumbs up だと、直訳「親指（thumbs）を上げて（up）」 →「**賛成・OK**」となります。Facebook の「いいね」や、YouTube の高評価を表すボタンのイメージです。

※ thumb「親指」は、YouTube などの「サムネイル」から理解できます。 これは thumbnail「親指の爪」のことで、本来は画像などを「（親指の爪

のように）小さくしたもの」を表しています。

隠れポイント⁶⁹ 2つの「同格」を見抜く

空所直後の an offer to acquire Volsolar「Volsolar を買収するという提案」では、to 不定詞は「同格」を表しています。an offer を to acquire Volsolar が単純に「詳しく説明するだけ」の同格関係です。

動詞 offer は offer to *do*「〜することを提案する」の形で使われますが、名詞の offer も同じように後ろに to をとるわけです。an offer to *do*「〜するという提案」となります（177 ページ）。

そして Volsolar と a maker of solar energy products が同格関係になっています。Volsolar という企業名を出してから、コンマを使って「どんな企業か？」を詳しく説明しているわけです。TOEIC ではこういった同格が多用され、Part 7 では同格を使って説明された部分（肩書き・職業・部署・企業など）の内容が問われることもあります。

選択肢 Check

(A) cleared out「きれいにした・掃除した」
「外に出して（out）きれいにする（clear）」→「（中の物を捨てて）きれいにする・掃除する」となりました。
(B) got away「離れた・逃げた」
直訳「離れた場所へ（away）行く（get）」→「離れる・逃げる」

です。get away from ~「〜から離れる・逃げ出す」の形もよく使われます。
(C) heard from「〜から連絡があった」
直訳「（情報が）〜を出発点として（from）聞こえる（hear）」→「〜から連絡がある」です。
(D) turned down「断った」

□ **offer** 提案・申し出／□ **acquire** 買収する／□ **maker** 製造業者・メーカー／□ **solar energy** 太陽エネルギー

Jorcell 株式会社は 10 月に、太陽エネルギー製品の製造業者である Volsolar の買収提案を断りました。 正解 **D**

問題

Because seating in the library conference room is limited to 50, advance ------- for Mr. Rutledge's talk is recommended.

(A) register
(B) registration
(C) registered
(D) registries

ここで
解く！

Because seating in the library conference room is limited to 50, **advance -------** for Mr. Rutledge's talk **is recommended.**

核心 69　advance registration 「前もっての登録」

全体は Because sv, SV.「sv なので SV だ」の形で、主節は advance ------- for Mr. Rutledge's talk「Rutledge さんの講演のための前もっての -------」が S、is recommended が V になると考えます。

advance ------- は名詞のカタマリになるはずなので、名詞の (B) registration「登録・参加申し込み」を選べば OK です。advance registration「前もっての登録」という TOEIC 頻出の表現です。この advance は形容詞的に「前もっての」を表し、他に an advance ticket「前売り券」なども TOEIC に出てきます。

また、registration「登録・参加申し込み」は register「登録する」の名詞形です。スーパーの「レジ打ち機」とは、元々「売上を記録・

登録する機械」ということなんです。セミナーの申し込みの話題で欠かせない単語で、register for ~「~に登録する」の形でよく出てきます（≒ sign up for ~「~に申し込む・~に登録する」）。名詞形も後ろに for ~ をとるのは同じで、registration for ~「~の登録」となります。

隠れポイント 69 advance のさまざまな意味

【多義語 advance　核心：前へ進める】
① 進む・進める・進歩する／前進・進歩
② 昇進させる／昇進　　　③ 前払いする／前払い
④ 前もっての・あらかじめの　⑤（in advance で）事前に・前もって

---

advance は本来「前へ進める」で、「前進・進歩」が有名ですが、「地位・役職を進める」→「昇進」、「払うタイミングを前へ進める」→「前払い」という意味もあります。さらに、「時間が前へ」→「前もっての」となり、TOEIC では in advance「前もって」が重要です。

また、Part 7 のメールの最後では、Thanks in advance for your cooperation.「ご協力のほど、お願いいたします」という表現もよく使われます。直訳は「前もってご協力に感謝します」で、お願いの際、「まだご協力は頂いてないけど、先にお礼を」という発想です。

選択肢 Check

(A) register 動「登録する」の原形
(B) registration 名「登録」
(C) register 動の過去形・過去分詞形
(D) registry 名「登録所」の複数形

□ **seating**　着席・座席／□ **conference**　会議／□ **be limited to ~**　~に制限される・限定される／□ **talk**　講演／□ **recommend**　勧める

図書館の会議室に座れるのは 50 人までなので、Rutledge さんの講演には前もって参加申し込みされることをお勧めします。　**正解** B

問題

The Brigham Community Center will be closed on Tuesday, November 23 in ------- of the national holiday.

(A) observes
(B) observer
(C) observant
(D) observance

ここで解く！

The Brigham Community Center will be closed on Tuesday, November 23 in ------- of the national holiday.

核心 70　in observance of ~ 「~を祝って」

空所前後の in と of に注目します。(D) observance「順守・祝うこと」を選んで、in observance of ~「~を祝って」という熟語にすればOK です。observance は動詞 observe の名詞形ですが、observe は重要多義語なのでしっかり確認しておきましょう。

【多義語 observe　核心：じ～っと見守る】
① 守る　　② 観察する　　③ 気づく
④ 述べる　　⑤ 祝う

「じ～っと見守る」→「守る」「観察する」、そして「観察する」→「（何かに）気づく」「（気づいたことを）述べる」となりました。最後は「祝

いの言葉を述べる」→「祝う」と考えれば OK です。

名詞 observance は「順守・祝うこと」、in は「包囲」→「包囲状態（～
の状態で）」を表し、in observance of ～ で「～を祝っている状態で」
→「～を祝って」となります（113 ページでまとめましたね）。

隠れポイント 70 observe の派生語を整理する

observe の派生語はかなりやっかいです。まず「守る・祝う」の意
味から派生した observance は主に「順守・祝うこと」を表します。

そして observe の「観察する・気づく・述べる」の意味から派生し
たのが、observation「観察・注視・意見」と考えてください。"-er"
「～する人」がつけば observer「観察者・監視者」、"-ory"「場所」
がつけば observatory「観測所・展望台」となります。
※ "-ory" は「場所」を表し、factory「工場」でも使われています。

また、observant には形容詞「観察力の鋭い・注意深い／順守する」と、
名詞「（法律などを）守る人」の 2 つの品詞があります。

【observe の派生語】
□ observance「順守・祝うこと」□ observation「観察・注視・意見」
□ observer「観察者・監視者」　□ observatory「観測所・展望台」
□ observant「観察力の鋭い・注意深い／順守する」「守る人」

選択肢 Check

(A) observe 動「順守する」の 3
人称単数現在形
(B) observer 名「観察者・監視者」
(C) observant 形「観察力の鋭い・

注意深い／順守する」／名「守る
人」
(D) observance 名「順守・祝う
こと」

□ **national holiday** 国民の祝日

Brigham コミュニティセンターは、11 月 23 日の火曜、国民の祝日を祝
って休館します。　 正解 D

問題

The seminar will provide an overview of a new cybersecurity regulation, scheduled to take ------- on January 10.

(A) effect
(B) effects
(C) effective
(D) effectively

ここで
解く！

The seminar will provide an overview of a new cybersecurity regulation, scheduled to take ------- on January 10.

◎核心 71　規則が「施行される」を表すには？　Part 7

The seminar が S、will provide an overview of ~「~の概要を説明する」が V と O で、コンマ以下は過去分詞（scheduled）から始まる分詞構文です。be scheduled to *do*「~する予定」が分詞構文になり、(being) scheduled to *do* から being が省略された形です。

空所直前の take に注目して、take effect「効力を発する・実施される」という熟語にすれば OK です。effect は「外に（ef = ex）出てきたもの（fect）」→「結果・効果・影響」となりました。ちなみに「（ギターの）エフェクター」は「音に効果を与える機材」です。

そして take effect で、直訳「効力（effect）をとる（take）」→「効力を発する」、さらに「規則が効力を発する」→「実施される・施行される」となるわけです。

ちなみに、go[come] into effect も、直訳「効力 (effect) の中に入っていく (go[come] into)」→「効力を発する」を表します。

隠れポイント 71 scheduled to take effect を深める

分詞構文を使うとき、基本的には「主節と主語が同じ」→「主語を省略」、「主節と主語が違う」→「主語を分詞構文の前に残す」とするのがルールです。そのため、分詞構文で意味上の主語が書かれていない場合、「主節の主語と同じ」になります。

しかし、今回は分詞構文 scheduled to take effect ~ の主語を、直前の a new cybersecurity regulation「サイバーセキュリティに関する新しい規制」だと考えるのが自然です。主節の主語である The seminar だと、「セミナーが効力を発する」となり不自然ですね。

このように「文脈からわかる (誤解がない)」場合や「世間一般の人が主語」の場合には、分詞構文の意味上の主語が置かれないことがあります。この知識自体が Part 5 で問われることはありませんが、Part 7 や現実の英文では見かけますので、頭の片隅に入れておくとよいでしょう。

選択肢 Check

(A) effect 名「効果」
(B) effect 名の複数形
(C) effective 形「効果的な」
TOEIC では、日付と共に使って「法

律や規則が有効になる」→「実施される・〜付けで」の意味も大事です (114 ページ)。

(D) effectively 副「効果的に」

□ **overview** 概要・要旨 ※「覆うように全体を (over) 見る (view)」→「概要・要旨」となりました。／□ **cybersecurity** サイバーセキュリティ／□ **regulation** 規制・法令

セミナーでは、1 月 10 日施行予定の、サイバーセキュリティに関する新しい規制の概要を説明する予定です。

正解 A

問題

When arriving for a meeting at Crossroad Technologies, you must ------- photo identification at the entrance.

(A) present
(B) conduct
(C) watch
(D) state

ここで
解く！　When arriving for a meeting at Crossroad Technologies, **you must ------- photo identification at the entrance.**

核心 72　present の核心は 「目の前にある」

前半は When -ing「～するとき」の形です。本来 when は従属接続詞なので、後ろに sv が続くのが原則ですが、"s + be" が省略されたり、分詞構文に when がついたり（接続詞 + 分詞構文）した結果、"when -ing" の形になることがよくあります。

主節は you が S、must ------- が V で、photo identification が O になります。「会議に到着したら、写真付き身分証明書をどうする？」と考え、(A) present「提示する」を選べば OK です。present は本来「目の前にある」で、次の 5 つの意味が大切です。

【多義語 present　核心：目の前にある】
① プレゼント　　　　　　② 出席している　※叙述用法で

③ 現在の　※限定用法で　　　　　④ 贈呈する
⑤ 提示する・提出する・提案する

隠れポイント 72　provide 型の語法

present は present 人 with 物「人に物を与える」の形も大切です。
同じ形をとる動詞は「provide 型」として整理できます。

【provide 型の語法　基本形：provide 人 with 物「人 に 物 を与える」】
① provide 人 with 物／ supply 人 with 物「人に物を与える」
② furnish 人 with 物／ feed 人 with 物「人に物を与える」
③ present 人 with 物「人に物を与える」
④ fill A with B「A を B で満たす」
⑤ face A with B「A に B を直面させる」
⑥ equip A with B「A に B を備え付ける」
⑦ endow 人 with 才能「人に才能を与える」
⑧ acquaint 人 with ~「人に~を知らせる」
⑨ outfit 人 with 物「人に物を与える」
⑩ reward 人 with 物「人に物を与える（ことでその人に報いる）」

選択肢 Check

(A) present「提示する」
(B) conduct「行う／行為」
※ 49 ページ
(C) watch「見る」
「（動いているものを）じっと見る」
場合に使います。

(D) state「述べる」
本来は「（ど〜んと立っている）
状態」を表し、そこから「自立状態」
→「国・州」、「状態を述べる」と
なりました。

□ **photo identification**　写真付き身分証明書／□ **entrance**　入口・玄関

Crossroad Technologies での会議に到着したら、入口で写真付き身
分証明書を提示しなければなりません。

073. Reserve a room at the Grand Sands Hotel at least
fourteen days ------- to enjoy ten percent off the
regular rate.

(A) finally
(B) in time
(C) at a time
(D) in advance

074. The bank's chief executive left in June after his
plan for raising capital received ------- support in
the markets.

(A) little
(B) each
(C) few
(D) either

075. By signing the contract, Ms. Hanks agreed to
------- the loan with monthly payments of $100.

(A) catch up
(B) pay back
(C) get ahead
(D) turn down

076. Improving workplace productivity is the ultimate goal of Ms. Tanner's ------- seminar.

(A) frontward
(B) ahead
(C) forward
(D) upcoming

077. In the event of rain, the ribbon-cutting ceremony will be held ------- instead of outside the mall.

(A) interior
(B) indoors
(C) into
(D) inbound

078. The managing director of OTOCOMP ------- the company will achieve its production target next fiscal year.

(A) adjusts
(B) reacts
(C) fails
(D) predicts

解答・解説 ▶ p. 190-201

問題

Reserve a room at the Grand Sands Hotel at least
fourteen days ------- to enjoy ten percent off the
regular rate.

(A) finally
(B) in time
(C) at a time
(D) in advance

ここで
解く！

Reserve a room at the Grand Sands Hotel at least
fourteen days ------- to enjoy ten percent off the
regular rate.

核心 73 「少なくとも〇日前」を表す 頻出表現

動詞の原形（Reserve）で始まっているので、命令文だと考えます。
Reserve a room at the Grand Sands Hotel「Grand Sands ホテルの
部屋を予約して」の後に、at least fourteen days -------「少なくとも
14 日 -------」と続いています。

「少なくとも 14 日前に予約して」という意味になるように、(D) in
advance「事前に・前もって」を選べば OK です。in は「形式」を
表し、直訳「事前という形式で」→「事前に・前もって」となりま
した。

今回は at least fourteen days「少なくとも 14 日前」が in advance
を修飾し、at least fourteen days in advance「少なくとも 14 日前に」

となります。in advance「前もって」だけだと「どのくらい前か？」が漠然としているので、直前に at least fourteen days を置いて、その範囲を限定するイメージです。

※ in advance「前もって・事前に」は 136 ページで、多義語 advance は 181 ページで説明しました。

隠れポイント 73　enjoy は「楽しむ」とは限らない！

空所直後は不定詞の副詞的用法で、to enjoy ten percent off ~「～から 10％オフの割引を受けるためには」と続いています。ここでは enjoy の意味に注意が必要です。

enjoy は常に「楽しむ」とは限らず、ややテンション抑え目で「細く長く楽しむ」→「**享受する**」の意味があります。「（利益・良いことを）受ける・享受する・手に入れている・恵まれている」といった感じでよく使われるのです。実際、英英辞典で enjoy を引くと、have や experience「経験する」を使って説明されています。

選択肢 Check

(A) finally「最終的に」
形容詞 final「最後の」は、日本語でも「ファイナルステージ」などと使われていますね。その副詞形が finally「最終的に」です。
(B) in time「時間内に・間に合って」
直訳「時間（time）の範囲内で（in）」

→「時間内に・間に合って」となりました。ちなみに、on time は「時間（time）に接触して（on）」→「時間通りに」という意味です。
(C) at a time「一度に」
直訳「一度（a time）という一点で（at）」→「一度に」です。
(D) in advance「前もって」

□ **reserve**　予約する／□ **at least**　少なくとも／□ **enjoy**　受ける／
□ **regular**　通常の／□ **rate**　料金・価格　※ rate には「割合」だけでなく、「料金・価格」の意味もあります。

通常料金から 10％オフの割引を受けるためには、少なくとも 14 日前には Grand Sands ホテルの部屋を予約しましょう。

　正解　D

問題

The bank's chief executive left in June after his plan for raising capital received ------- support in the markets.

(A) little
(B) each
(C) few
(D) either

ここで解く！

The bank's chief executive left in June after his plan for raising capital received ------- support in the markets.

核心 74　few は「可算名詞」、little は「不可算名詞」を修飾

主節は The bank's chief executive left in June「その銀行の総裁は 6 月に退任した」で、その後に after sv が続きます。after 節は his plan for raising capital「資金を調達するための計画」が s、received が v で、------- support が o です（raise は「（お金を）集める」）。つまり、空所には直後の support「支持・支援」を修飾する語が入るはずです。

「ほとんど支持を得られなかった後で、退任した」という流れを考え、「ほとんど〜ない」を表す (A) little か (C) few に絞ります。今回は空所直後が単数形 support なので、「不可算名詞」を修飾する (A) little が正解です。(C) few は「可算名詞」を修飾し、後ろには「複数形」の名詞がくるはずなのでアウトです。

ちなみに、support「支持・支援」はハッキリした形がないので、原則「不可算名詞」です（「支持してくれる人／支援物質」ならハッキリした形がありますが、「支持・支援（という概念）」自体にハッキリした形はありませんね）。ただし、そんなことを知らなくても、今回は support の形を見れば正解を選べます。

隠れポイント74 数量形容詞

数量形容詞（数が「多い・少ない」などを表す形容詞、もしくは形容詞扱いの熟語）は、「可算名詞」or「不可算名詞」によって使われる形容詞が違ってきます。

【数量形容詞の区別】

	数（可算名詞）に使う形容詞	量（不可算名詞）に使う形容詞
たくさんの	many a large number of ~	much a great deal of ~ a large amount[quantity] of ~
少しある （肯定的）	a few ~	a little ~
たくさんの	quite a few ~	quite a little ~ quite a bit of ~
ほとんどない （否定的）	few / very few ~	little / very little ~

※ a lot of ~「たくさんの」や some・any は、数・量どちらにも使えます。

選択肢 Check

(A) little「ほとんど~ない」　(C) few「ほとんど~ない」
(B) each「それぞれの」　(D) either「どちらかの」

□ chief executive　最高経営責任者／□ leave　去る・退任する／□ capital 資金・資本／□ receive support　支持を得る／□ market　市場

その銀行の総裁は、自分の資金調達計画が市場でほとんど支持を得られなかったのち、6月に退任しました。

正解　A

問題

By signing the contract, Ms. Hanks agreed to -------
the loan with monthly payments of $100.

(A) catch up
(B) pay back
(C) get ahead
(D) turn down

ここで
解く！　By signing the contract, Ms. Hanks agreed to
------- the loan with monthly payments of $100.

核心 75　pay back は直訳から考える

agree to *do*「～することに同意する」の形で、to 以下にくる熟語が
問われています。「月々 100 ドルの支払いでローンを ------- ことに
同意した」という文意に合うのは、(B) pay back「返済する」です。

直訳「お金を払って（pay）戻す・返す（back）」→「返済する」
となりました。直訳すれば簡単に理解できますね。ちなみに、pay
back がくっついて名詞化した、payback「返却・払い戻し・仕返し」
という単語もあります。

隠れポイント 75　重要多義語の sign

By signing the contract「契約書に署名することで」では、sign が「署
名する」という動詞で使われています。sign は本来「何かを示すも

の」で、そこから生まれた 5 つの意味が重要です。

【多義語 sign　核心：何かの目印・サイン】
① 目印・合図　　　② 兆候・表れ　　　③ 記号
④ 看板　　　　　　⑤ 署名する　※名詞形は signature「署名」

「お店を示すもの」→「看板」の意味は、Part 3・4 で頻出の「お店の看板を移動させる」「お店の看板をデザインしてもらう」という話でよく使われます。

また、TOEIC では sign up (for ~)「（~に）申し込む」という熟語が超頻出です（027 番で sign up が使われました）。up は強調で、直訳「~を求めて（for）署名する（sign up）」→「~に申し込む・登録する」です。

選択肢 Check

(A) catch up「追いつく」
本来「追いつく」で、「（先行するものに）追いつく」→「（遅れなどを）補う・取り戻す」、「（最新の情報に）追いつく」→「（最新情報を）取り入れる・近況報告する」といった意味があります。
【catch up　核心：追いつく】
①（先行するものに）追いつく
②（遅れなどを）補う・取り戻す
③（最新情報を）取り入れる・近況報告する

※ catch up with ~「~と会って話をする」、catch up on ~「会って~について話をする・新しく情報を得る」の形も頻出。
(B) pay back「返済する」
(C) get ahead「進歩する・成功する」
直訳「前に（ahead）行く（get）」→「進歩する・成功する」となりました。
(D) turn down「断る」
※ 178 ページ

□ **sign** 署名する／□ **contract** 契約（書）／□ **agree to** *do* ～することに同意する／□ **loan** ローン／□ **monthly** 月々の／□ **payment** 支払い

Hanks さんは、契約書に署名をして、月々 100 ドルの支払いでローンの返済を行うことに同意しました。

正解　**B**

問題

Improving workplace productivity is the ultimate goal of Ms. Tanner's ------- seminar.

(A) frontward
(B) ahead
(C) forward
(D) upcoming

ここで
解く！　Improving workplace productivity is the ultimate goal of Ms. Tanner's ------- seminar.

核心 76　upcoming seminar 「次回のセミナー」

Improving workplace productivity「職場の生産性を向上させること」が S、is が V、the ultimate goal of Ms. Tanner's ------- seminar「Tanner さんの ------- セミナーの最終目標」が C です。空所には、直後の名詞（seminar）を修飾する単語が入ります。

「〜することが、Tanner さんの ------- セミナーの最終目標だ」という文意に合うのは、(D) upcoming「やがてやってくる・次回の」です。Ms. Tanner's upcoming seminar「Tanner さんのやがてやってくる（＝次回の）セミナー」となります。upcoming は coming up「やってくる・行われる」から生まれた単語で、up が「徐々にやってくる」イメージを醸し出しています。

(A) frontward と (C) forward は「前方の」という意味なのでアウト、(B) ahead「前方へ・先に」は副詞のみなので、seminar を修飾することはできません。

隠れポイント 76　ultimate は「最終的な」と考える！

ultimate は「究極の」という訳語だけ覚えている人がいるのですが、実際の英文では「最終的な」の意味でよく使われます。今回の the ultimate goal of ~ も「~の最終的な目標・最終目標」と理解できますね。

ちなみに、副詞形 ultimately は「最終的には・結局」です。finally「最終的には」と同じイメージで使われます。

選択肢 Check

(A) frontward 副「前方へ」／形「前方の」

「前の（front）方向へ（ward）」→「前方へ・前方の」です。"ward" は「~の方向へ」を表し、backward「後方へ」、toward(s)「~の方へ」などで使われています。

(B) ahead 副「前方へ・先に」

「頭（head）が向いた方向に」→「前方に」です。また、Go ahead. は「あなたのしたいこと

を前へ進めていいですよ」というイメージで、「お先にどうぞ／OK、いいですよ」を表します（Part 2 で頻出）。

(C) forward 副「前方へ」／形「前方の」／動「転送する」

「前の（for）方向へ（ward）」→「前方へ・前方の」です。TOEIC では、「仕事を前に進める」→「転送する」の意味も大事です。

(D) upcoming 形「やがてやってくる・次回の」

□ **improve**　向上させる・改善する／□ **workplace**　職場／
□ **productivity**　生産性／□ **ultimate**　最終的な／□ **goal**　目標／
□ **seminar**　セミナー

職場の生産性を向上させることが、Tanner さんの次回のセミナーの最終目標です。

正解　D

問題

In the event of rain, the ribbon-cutting ceremony will be held ------- instead of outside the mall.

(A) interior
(B) indoors
(C) into
(D) inbound

> ここで
> 解く!
>
> In the event of rain, the ribbon-cutting ceremony will be held ------- instead of outside the mall.

核心 77　「インドア派」とは?

the ribbon-cutting ceremony「テープカットセレモニー」が S、will be held「開かれる予定だ」が V です。文自体は受動態で完成しているので、空所には「(文法上) なくても OK な品詞」=「副詞」が入ると考えます。

空所直後の instead of ~「~の代わりに・~ではなくて」に注目し、空所と outside the mall「ショッピングセンターの外で」が対比されていると考えます。(B) indoors「屋内で」を選び、~ will be held <u>indoors</u> instead of <u>outside the mall</u>.「~はショッピングセンターの<u>外</u>ではなく<u>屋内</u>で開かれる予定だ」とすれば OK です。

日本語でも、「室内で過ごすのが好き」なことを「インドア派」と言いますね。indoors は「副詞」という点に注意してください (語尾

の -s は副詞を作る働きがあります。複数形とは関係ありません）。

in the event of ~ 「～の場合には」

文頭は In the event of rain, ~「雨の場合には、～」です。大学入試では重視されませんが、TOEIC では in the event of ~「～の場合には」という表現がよく出てきます。event は「出来事・場合」という意味で（日本語の「イベント」のように「楽しい出来事」とは限りません）、直訳「～の出来事・場合（the event of ~）においては（in）」→「～の場合には」となりました。

ちなみに、in the event that ~「～する場合には」の形も頻出です。こちらは that の後ろに sv がきます。

選択肢 Check

(A) interior 形「屋内の・内部の」／名「内部」

「部屋のインテリア」は「家の内側に飾るもの」ですね。形容詞・名詞はありますが、indoors「屋内で」のように副詞で使うことはできません。interior の逆は exterior「外部の」です。

(B) indoors 副「屋内で」

(C) into 前「～の中へ」

in と to がくっついた単語で、「突入（～の中に入っていく）」を表します。物理的な「突入」に限らず、「意識・状態への突入」にも使えます（例：turn A into B「A を B に変える」）。

(D) inbound 形「入ってくる」

「外から内の(in)方向へ(bound)」→「入ってくる・本国行きの」です。日本語でも「外国人が日本にやってくる」ことを「インバウンド」とよく言います。

□ **in the event of ~** ～の場合には／□ **ribbon-cutting ceremony** テープカットセレモニー　※直訳は「リボン(ribbon)をカットする(cutting)するセレモニー」で、新しい施設が開館したりする際に、社長や来賓がテープを切るイベントのことです。／□ **hold** 開催する／□ **instead of ~** ～の代わりに・～ではなく／□ **outside** ～の外で／□ **mall** ショッピングセンター

雨の場合には、テープカットセレモニーはショッピングセンターの外ではなく屋内で開かれる予定です。

正解 B

問題

The managing director of OTOCOMP ------- the company will achieve its production target next fiscal year.

(A) adjusts
(B) reacts
(C) fails
(D) predicts

ここで解く！

The managing director of OTOCOMP ------- the company will achieve its production target next fiscal year.

核心 78　predict (that) ~「~と予測する」

The managing director of OTOCOMP「OTOCOMP の社長」が S、空所に V が入り、それ以降が O になると考えます。空所後は the company will achieve ~ と sv が続いているので、英文全体は SV (that) sv. の形になると考えます（今回は that が省略されている）。

後ろに that 節をとれる (D) predicts「予測する」を選んで、predict (that) sv「sv と予測する」とすれば OK です。predict は「前もって（pre）言う（dict）」→「予言する・予測する」です（dict は「言う」で、dictionary「辞書」は「言葉を集めたもの」ですね）。

隠れポイント 78　　"SV that ~" の形をとる
動詞の特徴

今回は "SV that ~" の形にも注目してください。実は "SV that ~" の形をとる動詞には、「認識・伝達」系、つまり「思う・言う」の意味という特徴があります。たとえば、think that ~ ／ believe that ~ ／ say that ~ などと使いますが、決して（×）play that ~ とは言いません。

今回の predict「予測する」も、「言う」に近い意味ですね。そのため、後ろに that sv をとって、predict (that) sv「sv と予測する」の形で使えるわけです。

さらに、この原則を逆手に取れば、知らない動詞でも "SV that ~" の形なら「～だと思う・言う」と予測すれば、ほぼすべての動詞で意味がわかってしまうのです。読解でとても役立つ必殺技なので、ぜひ活用してみてください。

選択肢 Check

(A) adjust 動「調整する」の3人称単数現在形
adjust は「just にする」→「調節する」です。家具・ネックレスのひもなどを「調節するもの」を「アジャスター（adjuster）」と言います。
(B) react 動「反応する」の3人称単数現在形
「芸人が素早くリアクションをとる」とは「何かの言動に反応する

こと」です。reaction「反応」の動詞形が react「反応する」で、react to ~「～に反応する」の形でよく使います。
(C) fail 動「失敗する」の3人称単数現在形
fail to do「（これから）～し損なう・できない」の形が大事です。
(D) predict 動「予測する」の3人称単数現在形

□ **managing director** 社長・最高経営責任者／□ **achieve** 達成する／□ **production** 生産（高）／□ **target** 目標／□ **fiscal year** 会計年度・営業年度 ※ fiscal は「会計の」で、fiscal year は会社の「会計年度・営業年度」を表します（新年は1月1日から始まりますが、会計年度は会社ごとに違いますよね）。

OTOCOMP の社長は、同社が来年度は生産目標を達成するだろうと予測しています。 | 正解 **D**

Chapter 3　073・078

079. During yesterday's meeting, one of the department heads ------- an error in the second-quarter sales report.

(A) set off
(B) got up
(C) pointed out
(D) dropped off

080. Molina's Mementos, a new gift shop on Ennis Road, boasts a wonderful ------- of hand-crafted goods.

(A) association
(B) selection
(C) duration
(D) preference

081. The deadline to submit the design proposals for the Mendez Ferry Terminal has been -------.

(A) accumulated
(B) alarmed
(C) extended
(D) anxious

082. Gullwing Services provides ------- appraisals in the North Coast region of California.

(A) movable
(B) accurate
(C) stationary
(D) upright

083. In her first year at Fizz-Fresh Company, Ms. Shubert focused ------- on marketing for the Asia-Pacific region.

(A) exclusively
(B) hardly
(C) lately
(D) approximately

084. Each morning, the Albright Inn offers a ------- breakfast buffet to all guests.

(A) privileged
(B) repetitive
(C) complimentary
(D) momentary

解答・解説 ▶ p. 204-215

問題

During yesterday's meeting, one of the department heads ------- an error in the second-quarter sales report.

(A) set off
(B) got up
(C) pointed out
(D) dropped off

ここで
解く！

> During yesterday's meeting, **one** of the department heads ------- **an error** in the second-quarter sales report.

🎯 核心 79　point out ~
「〜を指摘する」

one of the department heads「部長のうちの 1 人」が S、空所に V が入り、an error in ~「〜の間違い」が O になります。

「部長のうちの 1 人が間違いをどうした？」と考え、(C) pointed out 「指摘した」を選べば OK です。point には動詞「指さす」という意味があり、point out ~ で「〜を指さす」→「〜を指摘する」となります（out は単なる「強調」）。

ちなみに、Part 1 では point at ~「〜を指さす」という熟語も頻出です。at は本来「一点」を表し、そこから「一点をめがけて」というイメージで使われるようになりました。

quarter「四半期」とは?

quarter は「4分の1」という意味で、バスケやアメフトの「試合全体の4分の1の時間」を「クオーター」と言ったりします。

TOEIC では「四半期」という意味でよく使われますが、これは「1年の4分の1」=「1年を4つの期間に分け、3カ月単位にした期間」を表します。今回の the second-quarter「第2四半期の」は、4月をスタートとすると、4〜6月が第1四半期、7〜9月が第2四半期ということです。

【quarter の意味】

① 4分の1　　　　② 四半期　　　　③ 15分

ちなみに日常会話では、「1時間の4分の1」→「15分」という意味でも使われます。It's a quarter to nine. は、直訳「9時に向かって（to nine）あと15分（a quarter）」→「8時45分」です。

選択肢 Check

(A) set off「出発した・始めた」
off は「分離」を表し、「今いる場所から離れる」→「出発する・始める」と考えれば OK です。
(B) got up「起きた」
get up は「起床する（布団やベッドから起き上がる）」、awake や wake up は「目が覚める（ベ ッドに横になったまま）」を表します。
(C) pointed out「指摘した」
(D) dropped off「降ろした・置いていった」
直訳「離れた場所に（off）落とす（drop）」→「降ろす・置いていく」となりました。

□ **department** 部門・部署／□ **head** 長・代表／□ **error** 間違い／
□ **second-quarter** 第2四半期の／□ **sales** （複数形で）売上（高）／
□ **report** 報告書

昨日の会議中、部長のうちの1人が第2四半期の売上報告書の間違いを指摘しました。

正解　C

問題

Molina's Mementos, a new gift shop on Ennis Road, boasts a wonderful ------- of hand-crafted goods.

(A) association
(B) selection
(C) duration
(D) preference

ここで解く！

Molina's Mementos, a new gift shop on Ennis Road, boasts a wonderful ------- of hand-crafted goods.

核心 80 「幅広い品揃え」を表すパターン

Molina's Mementos, ~, が S（コンマは「同格」）、boasts が V で、a wonderful ------- of hand-crafted goods が O になります。O には「お土産店が自慢としていること」がきます。

(B) selection を選んで、a wonderful selection of ~「素晴らしい品揃えの〜・幅広い品揃えの〜」という表現にすれば OK です。boasts a wonderful selection of ~「幅広い品揃えの〜を誇っている・持っている／（お土産店の）自慢は幅広い品揃えの〜だ」となります。

61 ページで a wide selection of ~「幅広い品揃えの〜」を扱いましたね。今回は wide の代わりに、wonderful が使われているだけです。TOEIC では「多様な品揃え」を表す表現が本当によく狙われます。

**boast の意外な使い方／
まとめ単語の goods「商品」**

boast は「イヤミな自慢」のイメージが強いかもしれませんが、実際には、他動詞として「**誇る・誇りに思う・（誇らしい物を）持っている**」といったプラスのイメージで使うこともできます。今回の boasts a wonderful selection of ~ もプラスイメージで「誇る・（誇らしい物を）持っている」の意味です。

その後ろには、hand-crafted goods「手作り品」がきています。日本語の「グッズ」は記念品などによく使われますが、goods は「物全般・商品」を指します。直訳「手で作られた（hand-crafted）商品・品物（goods）」→「手作り品」です。

選択肢 Check

(A) association「関連・連想・協会」
associate「結びつける・関連づける」（111 ページ）の名詞形が association で、「関連・連想」「（共通の目的を持った）関連する団体」→「協会・団体・組合」となります。
(B) selection「品揃え」
(C) duration「持続」
"dure" は「続く」を表し、during

は本来「〜が続く間」を表していました（dure の -ing 形が前置詞になりました）。duration は「続く（dure）こと（ation）」→「持続」です。
(D) preference「好み」
prefer「好む」の名詞形です。prefer は prefer A to B「B より A を好む」の使い方が大事です。

□ **gift shop** お土産店／□ **boast** 自慢する・（誇らしい物を）持っている ／□ **hand-crafted** 手作りの／□ **goods** 品物・商品

Ennis 通りに新しくオープンした土産物店の Molina's Mementos は、手作り品の品揃えが豊富です。

正解 **B**

問題

The deadline to submit the design proposals for the Mendez Ferry Terminal has been -------.

(A) accumulated
(B) alarmed
(C) extended
(D) anxious

ここで
解く！

The deadline to submit the design proposals for the Mendez Ferry Terminal has been -------.

核心 81　extend は「外へ（ex）伸ばす（tend）」

The deadline to submit ~「～を提出する締め切り」が S、has been ------- が V になります。「デザイン案の提出期限がどうなった？」と考え、(C) extended「延長された」を選べば OK です。現在完了形 + 受動態（have been p.p.）で、The deadline to ~ has been extended「～する期限は延長された」となります。

extend は「外へ（ex）伸ばす（tend）」→「拡張する・延長する」です。「付け毛」のことを「エクステ」と言いますが、これは名詞形 extension「拡張・延長」を短くした言葉です。「付け毛」とは「髪を拡張すること」ですね。

隠れポイント 81 「提出」を表す語句

今回の S は The deadline to *do*「〜する期限」の形で、to 不定詞は形容詞的用法です。直前の The deadline を修飾し、The deadline to submit the design proposals for the Mendez Ferry Terminal「Mendez フェリーターミナルのデザイン案を提出する期限」となっています。

動詞 submit は「物を相手の下に（sub）置く・送る（mit）」→「提出する」です。"mit" は transmit「送る」などで使われています。

※ submit には「自分を相手の下に（sub）置く（mit）」→「服従する」の意味もありますが、TOEIC ではこちらの意味で使われることはないでしょう。

また、同じ意味の熟語として、turn in / hand in「提出する」も大切です。turn in は「提出箱の中に（in）ねじ込んで入れる（turn）」イメージ、hand in は「提出箱の中に（in）手を入れる（hand）」イメージで考えればいいでしょう。

選択肢 Check

(A) accumulated「蓄積された」
コツコツと積み重ねていくイメージの単語で、accumulate knowledge「知識を蓄積する」のように使います。

(B) alarmed「（突然の恐怖や心配で）はっとさせられた・不安にさせられた」
「スマホのアラーム」で有名ですが、本来は「警告音・警報」です（「警報」は「不安にさせる」ものですね）。

(C) extended「延長された」

(D) anxious「不安な」
「ドキドキして」を表し、be anxious for ~「〜を切望している」（プラスのドキドキ）、be anxious about ~「〜を心配している」（マイナスのドキドキ）の形で使われます。

□ **deadline** 締め切り／□ **proposal** 案・提案

Mendez フェリーターミナルのデザイン案の提出期限が延長されました。　正解 C

問題

Gullwing Services provides ------- appraisals in the North Coast region of California.

(A) movable
(B) accurate
(C) stationary
(D) upright

ここで
解く！

Gullwing Services provides ------- appraisals in the North Coast region of California.

 核心 82 accurate と care の共通点 Part3 Part4 Part7

Gullwing Services が S、provides が V で、------- appraisals が O になります。空所には直後の appraisals「評価・査定」を修飾する形容詞が入ると考えます。

「正確な評価・査定を提供している」という意味を考え、(B) accurate「正確な」を選べば OK です。accurate の cure は care「注意」と語源が同じで、「注意して間違いない」→「正確な」となりました。correct「正しい」や true「真実の」に近い意味です。

隠れポイント 82 appraisal の意味／ stationary vs. stationery Part7

今回は空所直後の appraisal「評価・査定」でつまずいた人も多いでしょう。動詞 appraise は「〜に（a）値段（praise = price）をつける」→「評価する・査定する」で、その名詞形が appraisal「評価・査定」です。「価値や状態などを調べて判断すること」を表します。

ちなみに、(C) stationary「静止した」は stationery「文房具」と混同しやすい単語です。station → stationary「**静止した**」→ stationery「**文房具**」の流れで押さえていきましょう。

まず、"sta" は「立つ」を表し（stand で使われています）、station は元々「立つ場所」という意味です（「立っている場所」→「駅」となりました）。その形容詞が stationary で、「立っている」→「静止した・動かない」となったわけです。

そして "-er"「〜する人」がついて、stationer「立って文房具を売る人」→「文房具店（の店主）」となりました。それ以前は移動しながら販売するのが普通でしたが、書物や文房具を売る特権的な商人が「動かない」店を出すことを認められたのです。その結果、彼らが扱う商品である「文房具」が stationery と呼ばれるようになったと言われています。

選択肢 Check

(A) movable「動かせる」
"-able" は「可能・受動」を表すので、movable は「動かされることができる」→「動かせる」となります。
(B) accurate「正確な」

(C) stationary「静止した」
(D) upright「まっすぐな・正直な」
「上へ（up）まっすぐに（right）」→「まっすぐな」、「性格がまっすぐな」→「正直な」となりました。

□ **provide** 提供する・行う／□ **region** 地域

Gullwing Services は、カリフォルニアのノース・コースト地域で正確な査定を行っています。

正解 **B**

問題

In her first year at Fizz-Fresh Company, Ms. Shubert focused ------- on marketing for the Asia-Pacific region.

(A) exclusively
(B) hardly
(C) lately
(D) approximately

ここで
解く!

In her first year at Fizz-Fresh Company, **Ms. Shubert focused ------- on marketing** for the Asia-Pacific region.

核心 83　exclusively ≒ only と考える！

focus on ~「~に集中する・~に重点的に取り組む」という熟語で、focus と on の間に空所があります。空所には「どのように重点的に取り組んでいたか？」を表す副詞が入ると考えます。(A) exclusively「~だけ」を選んで、focus exclusively on ~「~だけに集中する・~だけに専念する」とすれば OK です。

動詞 exclude は「外（ex）に締め出す（clude = close）」→「除外する」、形容詞 exclusive は「外に締め出すような」→「排他的な・独占的な」です。その副詞形が exclusively で、よく「排他的に・もっぱら」と訳されますが、exclusively ≒ only と考えるとわかりやすいでしょう。focus exclusively on ~ ≒ focus only on ~「~だけに集中する」ということです。

hard「熱心に」→ (B) hardly「ほとんど〜ない」、late「遅く」→
(C) lately「最近」のように、-ly がつくことで意味が変わる単語を
チェックしておきましょう。「形容詞 + ly = 副詞」ですが、「副詞 +
ly」だと「別の意味が加わる」わけです。

【-ly がつくと意味が変わる副詞（重要なもの）】

-ly がつかない副詞	-ly がついた副詞
hard「熱心に」	hardly「ほとんど〜ない」 ※ hardly ≒ scarcely ／「程度」を表す
late「遅く」	lately「最近」
most「ほとんど」	mostly「たいていの場合は（often）／大部分は（for the most part）」
near「近くに」	nearly「ほとんど」 ※直訳「近い状態」／ nearly ≒ almost
short「急に」	shortly「まもなく」
just「ちょうど」	justly「公平に」
sharp「ぴったりに・急に」	sharply「鋭く・急に／きつく・厳しく」

※ sharp だけは -ly のつかない「ぴったりに」の意味が TOEIC では大切。

選択肢 Check

(A) exclusively「〜だけ」

(B) hardly「ほとんど〜ない」
hardly の hard は「難しい」という意味で、「（難しくて）ほとんどできない」→「ほとんど〜ない」と覚えてください。

(C) lately「最近」
late には「遅い」だけでなく、「最近の」という意味もあり、その副詞形が lately「最近」です。

(D) approximately「およそ」
※ 127 ページ

□ **focus on ~** 〜に重点的に取り組む／□ **Asia-Pacific** アジア太平洋

Shubert さんは、Fizz-Fresh 社に入社して 1 年目のとき、アジア太平洋
地域のマーケティングだけに取り組んでいました。　**正解**

問題

Each morning, the Albright Inn offers a ------- breakfast buffet to all guests.

(A) privileged
(B) repetitive
(C) complimentary
(D) momentary

ここで
解く！　Each morning, **the Albright Inn offers** a -------
breakfast **buffet** to all guests.

核心 84 「無料の」を表すには？　

英文全体は offer 物 to 人「物を人に提供する」の形で、物に a ------- breakfast buffet がきています。空所には直後の breakfast buffet を修飾する形容詞が入ります。

「どんな朝食ビュッフェを客に提供するか？」と考え、(C) complimentary「無料の」を選べば OK です。complimentary breakfast buffet「無料の朝食ビュッフェ」となります。

動詞 compliment は「褒め言葉・褒める」という意味で、その形容詞 complimentary は「褒め言葉の・相手を持ち上げるようなサービスの」→「無料の」となりました。TOEIC では「無料の飲食物・サービス」を提供することが多く、complimentary は非常によく出てきます。

隠れポイント 84　compliment vs. complement (Part 7)

compliment「褒め言葉・褒める」とつづりが似た単語に、complement「補足（する）」があります。

complement は実は complete と関連があり、**「完全にする」→「（完全にするために）補足する」** となりました。また、complement は supplement「補足（する）」と意味もつづりもそっくりですので、セットで覚えるのもアリです（ドラッグストアで売っている supplement「サプリメント」は「栄養補助食品」ですね）。

※ちなみに、英文法で「補語」のことを "C" と言いますが、これは complement の頭文字です。

選択肢 Check

(A) privileged「特権のある」
privilege は「私的な（privi = private）法律（lege = legal）」→「法律を自分のものにする」→「特権（を与える）」です。
privileged は過去分詞形で、「特権を与えられた」→「特権のある」となります。

(B) repetitive「繰り返しの」
動詞 repeat「繰り返す」は、英語の授業でよく使われる Repeat after me.「私の後に続いて繰り返し言ってください」でおなじみですね。その名詞形が repetition「繰り返すこと」、形容詞形が repetitive「繰り返しの」です。

(C) complimentary「無料の」

(D) momentary「瞬間的な」
moment は「ちょっと・瞬間」で、会話では Just a moment.「少々お待ちください」という表現がよく使われます。その形容詞形が momentary「束の間の・瞬間的な」です。

□ **each** 毎〜・各〜／□ **offer** 物 **to** 人 物を人に提供する／□ **buffet** ビュッフェ／□ **guest** 宿泊客

Albright Inn では毎朝、すべての宿泊客に無料の朝食ビュッフェを提供しています。

正解　C

085. News of YEM Tech's disappointing sales
performance led to a ------- in the company's stock
price.

(A) refusal
(B) progress
(C) decline
(D) pace

086. Production at the Cogswell, Inc., factory has more
than ------- since the new machinery was installed.

(A) comprised
(B) doubled
(C) generated
(D) duplicated

087. About 250 people volunteered their ------- last
Saturday to pick up litter on Colby Beach.

(A) occasion
(B) span
(C) time
(D) duration

088. Ms. Gresham will ------- the trainees that today's three o'clock seminar has been canceled.

(A) convey
(B) inform
(C) learn
(D) verify

089. Gostream Bicycle Rentals is ------- located in downtown Dupree, allowing for convenient access to the city's major sightseeing spots.

(A) instantly
(B) centrally
(C) scarcely
(D) equally

090. The purpose of the meeting is to discuss issues ------- to the proposed merger.

(A) relevant
(B) certain
(C) accompanying
(D) unified

Chapter 3 | 085 ▸ 090

解答・解説 ▶ p. 218-229

問題

News of YEM Tech's disappointing sales performance led to a ------- in the company's stock price.

(A) refusal
(B) progress
(C) decline
(D) pace

ここで
解く！　News of YEM Tech's disappointing sales performance **led to a** ------- in the company's stock price.

核心 85　decline は「下に傾く・下に向ける」イメージ

News of YEM Tech's disappointing sales performance「YEM Tech の不調な販売業績を報じたニュース」が S、led to ~「~につながった」が V、a ------- in the company's stock price「同社の株価における -------」が O です（"原因 lead to 結果"という関係）。

「不調な販売業績を報じたニュースが何につながったか？」を考え、(C) decline「下落・低下」を選べば OK です。decline は本来「下に (de) 傾く (cline)」で、cline は「リクライニングシート (reclining seat)」＝「自由に傾きが調整できるイス」で使われています。

【多義語 decline 核心：下に傾く・下に向ける】
① 傾く　② 断る　③ 衰える・減少する／衰え・減少

隠れポイント85 「範囲の in」をマスターする

空所直後の in は「範囲（～において）」を表し、a decline <u>in</u> the company's stock price「会社の株価<u>における</u>下落」→「会社の株価の下落」となります。「変化・増減」を表す名詞はこの「範囲の in」とセットでよく使われるので、重要なものを確認しておきましょう。

【「変化を表す名詞」+ in ~】
□ change in ~「~の変化」
□ increase[rise/growth] in ~「~の増加」
　※ growth は不可算名詞／ of の場合は、普通後ろに「数量」などがくる
　　（例：a tax increase of three percent「3%の増税」）
□ decrease[fall/decline/drop] in ~「~の減少」
□ improvement in ~「~の向上・改善」
□ progress[advances] in ~「~の進歩」
　※ progress は不可算名詞、advance は可算名詞

選択肢 Check

(A) refusal「拒否」
動詞 refuse「拒む」の名詞形です。refuse to *do*「~するのを拒む」、refusal to *do*「~するのを拒むこと」の形でよく使われます。

(B) progress「進歩」
※ 65 ページ

(C) decline「下落」

(D) pace「ペース・速度」
日本語でそのまま「自分のペースで」のように使われていますね。

□ **disappointing** 不調な・残念な　※動詞 disappoint は「がっかりさせる」で、その -ing 形が disappointing「がっかりさせるような」→「不調な・残念な」です。／
□ **sales**（複数形で）売上（高）／□ **performance** 業績／□ **lead to ~**
~につながる・~をもたらす／□ **stock price** 株価

YEM Tech の不調な販売業績を報じたニュースにより、同社の株価が下落しました。

正解 C

問題

Production at the Cogswell, Inc., factory has more than ------- since the new machinery was installed.

(A) comprised
(B) doubled
(C) generated
(D) duplicated

ここで解く！

Production at the Cogswell, Inc., factory has more than ------- since the new machinery was installed.

核心 86　動詞の double「2 倍になる」

英文全体は SV since sv.「sv して以来 SV だ」の形で、主節は Production at the Cogswell, Inc., factory「Cogswell 株式会社の工場における生産高」が S、has (more than) ------- が V です。

「工場における生産高がどうなった？」と考え、(B) doubled を選べば OK です。double は形容詞「倍の」が有名ですが、今回は動詞「2 倍になる」で、Production at ~ has more than doubled since ...「… 以来、〜における生産高は 2 倍以上になった」となります。

double の動詞用法「2 倍にする・2 倍になる」は英字新聞でもよく見かけますし、(TOEIC では出ませんが) 算数でも Double 10 and you get 20.「10 を 2 倍すると、20 になる」と使われています。

今回は「自動詞 vs. 他動詞」という視点もヒントになります。空所直後に O がないので、空所には「自動詞」が入るとわかりますね。そして、自動詞の用法を持つ double「2 倍になる」が正解になりました。(C) generate「生み出す」は他動詞しかありませんし、(A) comprise「〜から構成される」と (D) duplicate「複製する」も主に他動詞として使われます。

なお、(A) comprise は受動態で be comprised of 〜「〜から構成される」と使われることもあります。以下に重要表現をまとめます。

【「〜から構成される」を表す重要表現】

☐ consist of 〜　　　　☐ be composed of 〜　　　☐ comprise 〜

☐ be comprised of 〜　☐ be made (up) of 〜

選択肢 Check

(A) comprise 動「〜から成る」の過去形・過去分詞形
「一緒に（com）つかむ（prise）」→「含む・〜から成る」です。
(B) double 動「2 倍になる」の過去形・過去分詞形
(C) generate 動「生み出す」の過去形・過去分詞形
"gener" は「生み出す」という意

味です（generation「世代」は本来「同時代に生まれた人」）。
(D) duplicate 動「複製する」の過去形・過去分詞形／形「複製の」
"du" は「2」という意味で（duet「デュエット」で使われています）、そこから「2 重にする」→「複製する」と考えてください。

☐ **production** 生産（高）／☐ **machinery** 機械　※ machine「機械」をひとまとめにして、総称的に「機械類」を表す単語です（ひとまとめで 1 つひとつ数えないため「不可算名詞」扱い）。／☐ **install** 導入する・設置する　※パソコンやスマホのアプリのイメージが思い浮かびますが、本来「取り付ける」という意味です（「パソコンの中にソフトを取り付ける」→「インストールする」と転用されただけ）。

Cogswell 株式会社の工場における生産高は、新しい機械が導入されてから倍以上に増えました。

正解 **B**

問題

About 250 people volunteered their ------- last
Saturday to pick up litter on Colby Beach.

(A) occasion
(B) span
(C) time
(D) duration

ここで
解く！　About 250 **people volunteered their** ------- last
Saturday to pick up litter on Colby Beach.

核心 87　volunteer one's time to
　　　　　do「進んで〜する」

About 250 people が S、volunteered が V で、their ------- がその O
になると考えます。ここでは、volunteer が動詞「自発的に提供する・
申し出る」で使われています。

「人々が何を自発的に提供するか？」を考え、(C) time を選べば OK
です。volunteered their time (last Saturday) to *do*「(先週の土曜日に)
〜する時間を自発的に提供した」→「進んで〜した・ボランティア
として〜した」となります。volunteer one's time to *do*「〜す
る時間を自発的に提供する」→「進んで〜する・ボランティアとし
て〜する」はよく使われる表現です。

さらに、volunteer to *do*「進んで〜しようと申し出る」の形でも使

えます。「これから〜する」ということなので、「未来志向」の to と相性が良いわけです。volunteer の動詞用法は見落としている人が多いので、しっかりチェックしておきましょう。

 ## pick up は「拾い上げる」から考える!

pick up にはさまざまな意味がありますが、直訳「**つまんで（pick）上げる（up）**」→「**拾い上げる**」から考えれば攻略できます。今回の pick up litter はそのまま「ゴミを拾う」で OK ですが、以下の 5 つの意味をチェックしておきましょう。

【pick up　核心：拾い上げる】
① 拾う・手に取る
② 手に入れる・（途中で）買う　※買い物途中で商品を拾い上げる
③ 人を車に乗せる・迎えに行く　※人を車に拾い上げる
④（知識を）身につける　　　　※知識を拾い上げる
⑤ 回復する・よくなる　　　　　※体力を拾い上げる

(A) occasion「**時・場合／機会／行事・出来事**」
「TPO を考えなさい」の TPO とは、Time「時間」・Place「場所」・Occasion「場合」のことです。さらに、「特別な時間・場合」→「機会／行事・出来事」という意味で使われることもあります。

(B) span「**範囲・期間**」
「長期のスパンで考える」とは「長い期間・範囲で」ということですね。lifespan は「人生（life）の期間（span）」→「寿命」です。
(C) time「**時間**」
(D) duration「**持続**」
※ 207 ページ

□ **pick up**　拾う／□ **litter**　ゴミ　※名詞「（散らかっている・ポイ捨てされた）ゴミ」、動詞「（ゴミなどで場所を）散らかす」の意味があります。公園などでは、No littering.「ポイ捨て禁止」と掲示に書かれていることもあります。

およそ 250 人の人々が、先週の土曜日にボランティアとして Colby ビーチのゴミ拾いを行いました。　　　　　　　**正解** C

問題

Ms. Gresham will ------- the trainees that today's three o'clock seminar has been canceled.

(A) convey
(B) inform
(C) learn
(D) verify

ここで
解く！　Ms. Gresham will ------- the trainees that today's three o'clock seminar has been canceled.

◎ 核心 88　inform 人 that sv 「人 に sv と知らせる」

空所直後の the trainees that ~ に注目します。"-ee"は「~される人」を表し（employee「雇用される人」→「従業員」で使われています）、trainee は「研修される人」→「研修生・実習生」です。

選択肢の中で"人 that sv"の形をとれるのは、(B) inform だけです。inform 人 of ~ ／ inform 人 that sv 「人 に~と知らせる」の2つの形をチェックしておきましょう。

一見、選択肢の単語はバラバラで、単語の意味がポイントになるように思えますが、「語法」に注目すれば瞬時に解けますね。語彙問題では、意味ばかりでなく「形」がポイントになることもよくあります。

隠れポイント⁹⁹ tell 型の語法をマスター！

実は inform の語法は「tell 型」としてまとめることができます。以下の表の「赤字部分だけ」を覚えれば、「基本形 3 つ× tell 型 7 つ」で、たくさんの語法を一気にマスターできます。

【tell 型の動詞】

動詞　＼　型	V 人 of ~	V 人 that ~	V 人 to *do*
tell 「伝える」	tell 人 of ~	tell 人 that ~	tell 人 to *do*
remind 「思い出させる」	remind 人 of ~	remind 人 that ~	remind 人 to *do*
convince 「納得・確信させる」	convince 人 of ~	convince 人 that ~	convince 人 to *do*
persuade 「説得する」	persuade 人 of ~	persuade 人 that ~	persuade 人 to *do*
warn 「警告する」	warn 人 of ~	warn 人 that ~	warn 人 to *do*
inform 「知らせる」	inform 人 of ~	inform 人 that ~	~~inform 人 to do~~
assure 「保証する」	assure 人 of ~	assure 人 that ~	~~assure 人 to do~~

※厳密には、（×）inform[assure] 人 to *do* だけは存在しない

> 選択肢 Check
>
> **(A) convey** 「運ぶ・伝える」
> 本来「運ぶ」で、「（言葉を）運ぶ」→「伝える」となりました。
> **(B) inform** 「知らせる」
> **(C) learn** 「学ぶ」
> learn to *do* は「～する能力を身につける」→「～できるようにな
>
> る」です。
> **(D) verify** 「正しいことを確認する・証明する」
> very の語源は「真実の」で（「真実の」→「本当に・とても」ということ）、verify は「真実の」→「真実かどうか確かめる」です。

Gresham さんは研修生に、今日の 3 時のセミナーが中止になったことを伝える予定です。　　正解　**B**

Chapter 3　085▶090

問題

Gostream Bicycle Rentals is ------- located in downtown Dupree, allowing for convenient access to the city's major sightseeing spots.

(A) instantly
(B) centrally
(C) scarcely
(D) equally

ここで
解く！　Gostream Bicycle Rentals is ------- located in downtown Dupree, allowing for convenient access to the city's major sightseeing spots.

核心 89　be centrally located「中心に位置している」

空所前後は be located in ~「~に位置している」という表現で、空所にはこれを修飾する副詞が入ります。locate は本来「（ある場所に建物を）置く」で、be located で「（建物が）置かれている」→「位置している・ある」です。

「繁華街である Dupree の ------- 位置している」の文意に合うのは、(B) centrally「中心に」です。center「中心」は野球やバスケットボールのポジションで「センター」とそのまま使われていますね。その形容詞形が central「中心の」、副詞形が centrally「中心に」です。

今回の be centrally located「中心に位置している」の他には、be conveniently located「便利に位置している」→「立地が良い」

という表現も頻出です。Part 3・4 や Part 7 では、お店やホテルの立地の良さをアピールすることがよくあり、その際に使われるわけです。

隠れポイント89 allow for ~ の意味と分詞構文

コンマ以降の allow for ~ は直訳「~のために（for）頭の中にスペースを許す（allow）」→「~を考慮に入れる」、「~のために（for）許可する（allow）」→「~を可能にする」という熟語です（この意味はほとんどの日本の辞書には載っていませんが、ここではこちらの意味で使われています）。

今回は分詞構文で、SV, allowing for ~「SV だ。そしてそのことは~を可能にする」となっています。分詞構文の意味上の主語は「前の内容」全体で、直訳「SV だ。そしてそのこと（= Gostream Bicycle レンタルズが繁華街である Dupree の中心にあること）は~への便利なアクセスを可能にしている」→「SV で、それによって~へ行きやすくなっている」を表すわけです。

選択肢 Check

(A) instantly「すぐに」
形容詞 instant「すぐの」は、「インスタントラーメン」からわかりますね。
(B) centrally「中心に」
(C) scarcely「ほとんど~ない」
形容詞 scarce「不足している」

から、「ほとんど~ない」となりました。hardly と同じ意味です（213 ページ）。
(D) equally「同様に」
日本語の「イコール」のことですが、英語 equal は「イークウェル」という感じの発音です。

□ **be located** 位置している／□ **downtown** 繁華街 ※「下町」と勘違いする人が多いのですが、正しくは「町の中心部・繁華街」です。／□ **allow for ~**
~を可能にする／□ **convenient** 便利な／□ **access to ~** ~へのアクセス／□ **major** 主な／□ **sightseeing spot** 観光スポット

Gostream Bicycle レンタルズは、繁華街である Dupree の中心にあり、それによって市の主な観光スポットへ行きやすくなっています。　正解 B

問題

The purpose of the meeting is to discuss issues
------- to the proposed merger.

(A) relevant
(B) certain
(C) accompanying
(D) unified

ここで
解く！　The purpose of the meeting is to discuss issues
　　　 ------- to the proposed merger.

核心 90　relevant to ~「～に関連した」

The purpose of the meeting「その会議の目的」が S、is が V、to discuss ~「～について議論する」が C になっています。そして、discuss の目的語として、issues ------- to the proposed merger が続いています（discuss は他動詞ですね）。

空所直後の to に注目して、(A) relevant「関連した」を選べば OK です。relevant to ~「～に関連した」という表現で、issues relevant to the proposed merger「合併案に関連した問題」となります。

relevant は、つづりの似た related「関連している」とセットで覚えてください。be relevant to ~ ≒ be related to ~ ≒ be associated with ~「～に関連している」です。

(C) の accompany「付き添う・伴う」は、注意が必要な単語です。受動態で、be accompanied by ~「~によって伴われる・~が添付される」とよく使われます。ただ、この訳語だけではピンとこないケースも多いので、次の発想も知っておきましょう。

基本形:" サブ accompany メイン "「 サブ は メイン に伴う」
受動態:" メイン is accompanied by サブ "「 メイン に サブ がつく」

たとえば、受動態 be accompanied by ~ は「~に付き添われる」と直訳するとわかりにくい場合も多いですが、単に「 メイン に サブ が つく」、つまり「~がつく・~が同伴する」と考えればよいのです。

選択肢 Check

(A) relevant「関連した」
(B) certain「確信して・ある特定の」
本来は「確実に知っている」を表し、そこから「確信して」や、名詞の前について「ある特定の」という意味で使われます。
(C) accompanying「付随する／同封の・添付の」
accompany は「仲間(company) と一緒に行く」→「付き添う・伴う」、その -ing 形が accompanying「伴

うような」→「付随する」です。手紙やメールでは「同封の・添付の」の意味でも使われます。
(D) unified「統合された・統一された」
"uni" は「1つ」という意味です (unicorn「一角獣」・unicycle「一輪車」などで使われています)。unify は「1つ (uni) にする (fy)」→「統合する」で、その過去分詞形が unified です。

Chapter 3 | 085-090

□ **purpose** 目的／□ **discuss** ~について話し合う／□ **issue** 問題／
□ **proposed** ~案・提案された~／□ **merger** 合併 ※ニュースで出てくる M&A とは、mergers and acquisitions「合併と買収」のことです。

その会議の目的は、合併案に関する問題について話し合うことです。

正解 A

なぜ単語を覚えられないのか?
――欲張りすぎてしまう

欲張りすぎると単語は覚えられません。ここで言う「欲張る」とは、目標の単語数ではなく、1個の単語のいろんな情報を覚えようとしてしまうことです。

まずは「英語を見て意味がわかる」という目標1つに絞ることをお勧めします。確かに「派生語も覚えたほうがいい・つづりも正確に覚えたほうがいい・言い換えの表現も覚えたほうがいい」のですが、その正論のせいで多くの英語学習者が挫折しているのはまぎれもない事実でしょう。

世の中「〜したほうがいい」ことは無限にありますが、それに付き合い出すとキリがありません。これからは「〜したほうがいい」ではなく、「〜しなきゃいけない」ことからマスターしていってください。一気に英語学習がラクに、かつ効率的になるはずです。

また、逆に欲張ってほしいこともあります。それは「回数」です。「単語が苦手」という人に共通しているのが、単語にかける時間・回数が圧倒的に不足しているという事実です。多くの方が、単語帳を2、3周しただけで覚えられるという幻想を持っていますが、それは完全な誤解です。そもそも単語帳を2、3周で覚えられたら天才ですが、それを可能にしてくれるのが「リアリティ」なのです(86ページ)。

リアリティがあれば一発で覚えることも可能で、この本でリアリティを持てる単語の数は増えたとは思います。とはいえ、さすがにTOEICで出てくる単語すべてにリアリティを持つことはできません。リアリティを持てない単語は回数を重ねる必要があるわけです。ある程度の期間(1、2カ月)内に5、6回は確認しないと覚えられないのが普通ですから、そこは地道にやっていけば必ず単語は覚えられますよ。この本を1つのきっかけに頑張っていってください。

Chapter **4**

神速へ！
総仕上げの
12問

091. Due to the holiday, Beihai Bank will remain closed for three ------- days beginning on February 8.

   (A) permanent
   (B) consecutive
   (C) immediate
   (D) resulting

092. The Ferndale Inn, adjacent to the Silverhead Golf Course, came under the ------- of Albert Iverson last month.

   (A) occupancy
   (B) conformity
   (C) circumstance
   (D) ownership

093. Sales of the new Palmitt-2 tablet have been increasing ------- despite fierce competition in this sector.

   (A) lively
   (B) expensively
   (C) steadily
   (D) popularly

094. ------- tenants are invited to take a tour of the new apartment building on September 3.

    (A) Undamaged
    (B) Simultaneous
    (C) Refurbished
    (D) Prospective

095. So many customers were returning clothing items that Mr. Morrison had to wait ------- thirty minutes to speak with a clerk.

    (A) shortly
    (B) normally
    (C) lately
    (D) nearly

096. Ingram Designs has published a special catalog featuring the latest ------- furniture sold at its stores.

    (A) contemporary
    (B) productive
    (C) consistent
    (D) cooperative

解答・解説 ▶ p. 234-245

Chapter 4 | 091▶096

問題

Due to the holiday, Beihai Bank will remain closed
for three ------- days beginning on February 8.

(A) permanent
(B) consecutive
(C) immediate
(D) resulting

ここで
解く！

Due to the holiday, Beihai Bank will remain closed
for three ------- days beginning on February 8.

◎ 核心 **91**　"secut" "sequ" は「従う・後に続く」

remain 形容詞 「形容詞のままだ」の形で、Beihai Bank will remain
closed「Beihai 銀行は休業したままの（営業しない）予定だ」となっ
ています。for 以下では「休業期間」を述べていると考えます。

(B) consecutive「連続して」を選んで、three consecutive days「3
日連続」とすれば OK です。"secut" や "sequ" は「従う・後に続く」
を表し、consequently「従って」や subsequent「後の」で使われて
います。consecutive も同じ語源で、「後に続く」→「連続した」
です。

ちなみに、空所後の beginning ~ は「~から」という意味で、「いつ
から始まるか？」を表します（115 ページ）。beginning ~ / starting
~「~から」をセットで押さえておいてください。

234

Part 5 の語彙問題では、「連続して」を表す表現がやたらと問われるので、まとめてチェックしておきましょう。

□ consecutive「連続した」　□ consecutively「連続して」
□ in a row「連続で」
　※ in は「形式」で、直訳「列の形式・状態で」→「連続で」となりました。
□ running「連続で」　※ "[期間] running" の形
　※ run は本来「グルグルまわす」イメージで、「モーターがグルグルまわる」
　→「作動する」、「お店をグルグルまわす」→「経営する」などの意味が
　あります。running も「作動・営業状態が続いて」→「連続で」と考えれ
　ば OK です。
□ straight「連続で」　※ "[期間] straight" の形
　※ straight は「まっすぐに」→「まっすぐに伸びて・続いて」→「連続で」
　と考えれば OK です。

選択肢 Check

(A) permanent「永久の」
「永久の」という意味で有名ですが、実際には「半永久的な」や「ある程度長い」くらいの意味になることがよくあります。
(B) consecutive「連続した」
(C) immediate「即時の・直接の」
「仲介物（mediate）がない（im）」
→「即時の・直接の」となりました。

immediate reply[response] でいわゆる「即レス」を表します。
(D) resulting「結果として生じる」
動詞 result は "[原因] result in [結果]" の形で使う、重要な因果表現です。その -ing 形が resulting「結果として生じる」で、後ろに「結果」がくることには変わりません。

□ **due to ~**　～が原因で・～のために／□ **remain**　～のままである／
□ **beginning**　～から

祝日のため、Beihai 銀行は 2 月 8 日から 3 日間連続で休業いたします。　正解 **B**

問題

The Ferndale Inn, adjacent to the Silverhead Golf Course, came under the ------- of Albert Iverson last month.

(A) occupancy
(B) conformity
(C) circumstance
(D) ownership

ここで
解く！

The Ferndale Inn, adjacent to the Silverhead Golf Course, came under the ------- of Albert Iverson last month.

🎯 **核心 92** under the ownership of ~
「～の所有下に」

The Ferndale Inn, adjacent to the Silverhead Golf Course, 「Silverhead ゴルフコースに隣接している Ferndale Inn」が S で、came under the ------- of ~ と続いています。

(D) ownership「所有者であること・所有権」を選び、under the ownership of ~「～の所有下に」という表現にすれば OK です。own「所有する」の名詞形が owner「所有者」で、日本語でも「マンションのオーナー (所有者)」と使われていますね。これに「身分」を表す "-ship" がついた単語が ownership「所有者であること・所有権」です ("-ship" は citizenship「市民権」などでも使われています)。

ちなみに、今回の under は「被支配・影響」の意味です。本来は「（上から覆われて）下にある」イメージで、「被支配（〜の下で）・影響（〜の影響を受けて）」の意味がありましたね（69 ページ）。

隠れポイント 92 「〜に近い」の表現

コンマで挟まれた adjacent to the Silverhead Golf Course は、The Ferndale Inn の説明をしています。adjacent to ~「〜の隣に」のように Part 5 では「近くに」を表す表現が非常によく狙われます。

□ near ~ / by ~ / close to ~「〜の近くに」
□ in proximity to ~「〜に近い」
□ beside ~ / next to ~「〜の隣に」
□ adjacent to ~「〜の隣に・〜に近い」
□ neighboring / adjoining「隣接している・近くの」

(A) occupancy「占有」
動詞 occupy は「占める・占領する」で、飛行機のトイレは使用中のときに、"Occupied" という表示が光ります。「トイレが占領されている」→「使用中」ということです。その名詞形が occupancy です。

(B) conformity「服従・一致」
動詞 conform は「一緒に（com）形作る（form）」→「みんなで 1

つのものを作り上げる」→「（ルールに）従う・一致する」となりました。その名詞形が conformity です。

(C) circumstance「状況」
本来は「周りを囲んで（circum = circle）立っている（stance = stand）」です。自分を囲んでいるものが「状況」ということです。

(D) ownership「所有権」

□ **adjacent to ~**　〜に隣接した

Silverhead ゴルフコースに隣接している Ferndale Inn は先月、Albert Iverson の所有下に入りました。

正解　D

問題

Sales of the new Palmitt-2 tablet have been increasing ------- despite fierce competition in this sector.

(A) lively
(B) expensively
(C) steadily
(D) popularly

ここで
解く！　Sales of the new Palmitt-2 tablet have been increasing ------- despite fierce competition in this sector.

核心 93　increase steadily 「着実に増える」

Sales of the new Palmitt-2 tablet「新発売の Palmitt-2 タブレットの売上高」が S、have been increasing「伸び続けている」が V で、空所には副詞が入ります。「売上が伸び続けている」様子を表すのに適切なのは、(C) steadily「着実に」です。

形容詞 steady「安定した」は、「ステディ」＝「本命の恋人（デートの頻度も信頼関係も安定している相手)」と使われることがあります。その副詞形が steadily「着実に」です。increase steadily「着実に増える」はよく使われるフレーズなので、このまま押さえておくとよいでしょう。

その他の重要語句

空所直後の despite は「〜にもかかわらず」という前置詞です。Part 5 では「前置詞 vs. 接続詞」が超頻出なので、in spite of / despite「〜にもかかわらず」は前置詞、though / although「〜だけれども」は接続詞と押さえてください。

fierce は「激しい」、competition は「競争」です（fierce competition「激しい競争」）。fierce は本来「野生の」という意味で、そこから「どう猛な・荒々しい」となり、さらに「（風雨・競争などが）激しい」の意味でも使われるようになりました。

competition「競争」はそのまま読めば「コンペ」と読めます。「ゴルフのコンペ」やビジネスの「コンペ」は「競争・競技会」のことです。

文末の sector「部門・分野」もビジネスでは欠かせない単語です。"sect" は「切る」で（section「区切られた場所」→「区域」などで使われています）、sector は「区切るもの・区切られた所」→「部門・分野」となりました。

選択肢 Check

(A) lively「活発な」
live には形容詞「元気な・活気のある」の意味もあり、そこから派生したのが lively「活発な」です。"-ly" で終わっていますが、「形容詞」として使われることがほとんどどです。

(B) expensively「高価に・ぜい
たくに」
expensive「高価な」の副詞形です。ちなみに、名詞 expense は「財布の外に（ex）に出ていくもの」→「出費」です。

(C) steadily「着実に」

(D) popularly「多くの人々によって・一般に」 ※ 139 ページ

□ **sales** （複数形で）売上（高）／□ **increase** 増える・伸びる／
□ **despite** 〜にもかかわらず／□ **fierce** 激しい／□ **competition** 競争
／□ **sector** 部門・分野

新発売の Palmitt-2 タブレットの売上高は、この部門では競争が激しいにもかかわらず、着実に伸び続けています。　**正解 C**

問題

------- tenants are invited to take a tour of the new apartment building on September 3.

(A) Undamaged
(B) Simultaneous
(C) Refurbished
(D) Prospective

ここで
解く！　------- tenants are invited to take a tour of the new apartment building on September 3.

🎯 核心 94　prospective は「〜になっちゃうかもしれない」

空所直後の tenants「部屋を借りる人」を修飾する形容詞として適切なのは、(D) Prospective「見込みのある・潜在的な」です。prospective tenants で「部屋を借りる見込みのある人々／部屋を借りる可能性のある人々」を表します。

名詞 prospect は「前を（pro）見る（spect）」→「見込み」で、その形容詞形が prospective「見込みのある」です。ただし、「見込みのある」という訳語では理解しにくいことが多いので、「〜になっちゃうかもしれない」というイメージを持っておくとよいでしょう。

※ちなみに potential も似た意味で、potential customer「潜在顧客」とは、「お客になっちゃうかもしれない人／買ってくれそうな人」のことです。

全体は invite 人 to do「人を〜するよう招待する・人に〜するよう勧める」の受動態で、人 is invited to do「人は〜するよう招待されている・勧められている」となっています。

そして to 以下に、take a tour of ~「〜の見学をとる」→「〜を見学する」がきています。tour は「旅行や観光地のツアー」に限らず、普通に「見学」の意味でもよく使われるのでしたね（37 ページ）。

※ be invited to take a tour of ~「〜を見学するよう勧められる・〜の見学に招待される」は 009 番とまったく同じ形です。よくあるフレーズとして、このまま押さえておきましょう。

選択肢 Check

(A) Undamaged「損害を受けていない」
damage「害／損害を与える」は、日本語でも「ダメージを与える」と使われますね。その過去分詞形（形容詞）が damaged「損害を与えられた」→「損害を受けた」で、否定の "un" がついて u̲ndamaged「損害を受けていない」となりました。

(B) Simultaneous「同時に起こる」
副詞形は simultaneously「同時に」で、これは at the same time ということです。

(C) Refurbished「改装した・新しくした」
refurbish は「再び（re）磨く（furbish）」→「改装する」で、その過去分詞形（形容詞）が refurbished「改装された」→「改装した・新しくした」です（163 ページ）。

(D) Prospective「見込みのある・可能性のある」

□ **tenant** 賃借人・居住者／□ **apartment building** アパート

入居を検討中の方々は、9 月 3 日に行われる新しいアパートの見学にぜひお越しください。 正解 D

※直訳は「見学するよう招待されている」ですが、入居する可能性のある人々に向けた英文と考えられるため、上のように意訳可能です。

問題

So many customers were returning clothing items that Mr. Morrison had to wait ------- thirty minutes to speak with a clerk.

(A) shortly
(B) normally
(C) lately
(D) nearly

ここで
解く！

So many customers were returning clothing items that Mr. Morrison had to wait ------- thirty minutes to speak with a clerk.

核心 95　nearly は「ちょっと足りない」イメージ

Part 3 Part 4 Part 7

that 以下は Mr. Morrison が s、had to wait が v です。「30 分近く待たなければならなかった」と考え、(D) nearly「ほとんど・〜近く」を選べば OK です。nearly は「数字関係」の語句を修飾でき、nearly thirty minutes「ほぼ 30 分・30 分近く」となります。

"≒" は「ニアリーイコール」→「ほとんど同じ」を表すのでしたね（137 ページ）。「少し足りない・あともうちょっとで」というイメージが大事で、nearly thirty minutes は「30 分近く（26 〜 29 分くらい）」です。

また、このニュアンスを理解すれば、"nearly + V" で「あともう少しで〜しそう（ぎりぎりしない）」を表すことも理解できます。I nearly missed the train. は「危うく列車に乗り遅れるとこだった（ぎりぎり乗れた）」ということです。

隠れポイント 95 so ~ that ... vs. so that

今回は全体が so ~ that ...「とても～なので…だ」の形ですが、似た表現として so that s [助動詞] v「sv するために」も大事です。「so と that が離れると "結果・程度"」「くっつくと "目的"」になるという関係を押さえておくと、他の熟語もセットで整理できます。

【so を使った熟語の整理】

	離れる → 【結果・程度】 「とても～なので…だ」 「…なくらい～だ」	くっつく → 【目的】 「～するために」
so・that	so ~ that sv	so that s [助動詞]* v
so・as to	so ~ as to *do*	so as to *do*

*will・can・may などがよく使われる

つまり、「so が離れる」という視点で見れば、so ~ as to *do* = so ~ that sv 、「so がくっつく」という視点で見れば、so as to *do* = so that sv だと整理できてしまうのです。

選択肢 Check

(A) shortly「まもなく・すぐに」
※ 213 ページ
(B) normally「普通は・正常に」
形容詞 normal「普通の」は、日

本語でも「ノーマル」と使われていますね。
(C) lately「最近は」 ※ 213 ページ
(D) nearly「ほとんど・～近く」

□ **customer** 客／□ **return** 返品する／□ **clothing item** 衣料品 ※「アイテム」と聞くと「便利な道具」を思い浮かべがちですが、英語の item は本来「1 つのモノ」という意味で、普通に「品物・商品」、そして（表の）項目・品目」を表します。／□ **clerk** 店員

あまりにも多くの客が衣料品を返品しにきていたので、Morrison さんは店員と話すのに 30 分近く待たなければいけませんでした。　正解 **D**

問題

Ingram Designs has published a special catalog featuring the latest ------- furniture sold at its stores.

(A) contemporary
(B) productive
(C) consistent
(D) cooperative

ここで
解く！　　Ingram Designs has published a special catalog featuring the latest ------- furniture sold at its stores.

核心 96　「コンテンポラリーアート」とは？

Ingram Designs が S、has published「発行した」が V、a special catalog featuring ~「~を特集した特別なカタログ」が O です。

featuring の O が the latest ------- furniture で、空所には直後の furniture「家具」を修飾する形容詞が入ります。(A) contemporary「現代の」を選んで、the latest contemporary furniture「最新の現代風家具」とすれば OK です。

contemporary は本来「一緒の（con）時間（tempo：テンポ）を過ごす」→「同時代の」で、そこから「今私たちが同じ時代にいる」→「現代の」となりました。日本語でも「コンテンポラリーアート（現代美術）」などと使われています。

重要多義語の feature

今回は文構造を把握するのに苦労した人もいたと思います。現在分詞（-ing）と過去分詞（p.p.）がポイントで、a special catalog <u>featuring the latest contemporary furniture</u>「最新の現代風家具を特集した特別なカタログ」、the latest contemporary furniture <u>sold at its stores</u>「店頭で販売中の最新の現代風家具」と修飾しています。

feature は重要な多義語です。日本語でも「雑誌でフィーチャーする」と使われていますが、「特集する・（その週を）特徴付ける」ということです。

【多義語 feature　核心：目立たせる】
① 特徴・特色　　　② 顔立ち　　　　③ 特集する
④ 特徴付ける・呼び物にする
⑤ （映画の）主演をさせる・（広告を）掲載する

名詞「特集・特徴」→ 動詞「（特色を）取り上げる・特集する」となり、さらに「呼び物にする・（映画の）主演をさせる・（広告を）掲載する」といった意味まで押さえておけば完璧です。

選択肢 Check

(A) contemporary「現代風の」
(B) productive「生産性がある」
「製品（product）を生み出す力がある」→「生産性がある」です。
(C) consistent「一貫した」
「常に同じ姿勢で安定感がある」というイメージの単語です。

(D) cooperative「協力的な」
動詞 cooperate は「一緒に（co）作業する（operate）」→「協力する」です。その名詞形がcooperation「協力」、形容詞形がcooperative「協力的な」です。

□ **publish** 発行する・出版する／□ **feature** 特集する／□ **latest** 最新の／□ **furniture** 家具

Ingram Designs は、店頭で販売中の最新の現代風家具を特集した特別なカタログを発行しました。

正解　**A**

097. Despite the downturn in the housing market, Mr. Parrish remains ------- that he will sell his property soon.

(A) optimistic
(B) inspiring
(C) plentiful
(D) devoted

098. Ms. Healey gave her assistant a list of tasks she must ------- by Friday.

(A) take place
(B) count down
(C) carry out
(D) give up

099. Ms. Erwin's interview of renowned actor Bryan Hawthorne will ------- air on KFY Radio.

(A) late
(B) well
(C) ever
(D) soon

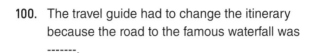

6問を1分30秒〜2分で解く

100. The travel guide had to change the itinerary because the road to the famous waterfall was -------.

(A) indisputable
(B) unintentional
(C) irreversible
(D) inaccessible

101. It is ------- that employees have a clear understanding of each personnel policy.

(A) genuine
(B) adjacent
(C) abrupt
(D) critical

102. Angela Cromwell's primary role is to help new staff with any issues they may ------- during their first weeks on the job.

(A) encounter
(B) search
(C) separate
(D) inquire

Chapter 4

097▶102

解答・解説 ▶ p. 248-259

247

> 問題
>
> Despite the downturn in the housing market,
> Mr. Parrish remains ------- that he will sell his
> property soon.
>
> (A) optimistic
> (B) inspiring
> (C) plentiful
> (D) devoted

ここで
解く！　Despite the downturn in the housing market,
　　　　Mr. Parrish remains ------- that he will sell his
　　　　property soon.

🎯 核心 97 　"opt-" は「前を見る」　

英文全体は Despite ~, SV.「~にもかかわらず SV だ」の形で、Mr.
Parrish が S、remains が V、空所に C が入ると考えます。

前半「住宅市場は低迷している」と反対の関係になるように、(A)
optimistic「楽観的な」を選べば OK です。optimistic の "opt-"
は「前を見る」を表し（option「選択」は「前向きに選ぶ」）、「前向
き」→「楽観的」と考えてください。

隠れポイント 97 　SVC をとる動詞を まとめてチェック　

今 回 は remain 形容詞 「 形容詞 のままだ」 の形で、remains
optimistic that ~「~と楽観的なままだ」となります。Part 5 では

「remain を見たら形容詞」という文法問題も頻出なので、SVC をとる動詞をまとめてチェックしておきましょう。

【SVC をとる動詞】　　基本形：V ＋ 形容詞

① 存在・継続：be「〜である」
　　　　　　　　keep / remain / stay / hold「〜のままでいる」
② 変化：become / get / turn / grow / come / go / fall「〜になる」
　　　　prove「〜だとわかる」
③ 感覚：seem / appear「〜のようだ」／ look「〜に見える」
　　　　feel「〜のように感じる」／ sound「〜に聞こえる」
　　　　taste「〜の味がする」／ smell「〜のにおいがする」

選択肢 Check

(A) optimistic「楽観的な」
(B) inspiring「鼓舞する・元気づける」
inspire は「心の中に (in)、命を吹き込む (spire = sprit「精神」)」→「やる気にさせる・インスピレーションを与える」です。その -ing 形が inspiring で、「やる気にさせるような」→「鼓舞する・元気づける」となりました。
(C) plentiful「豊富な」
名詞 plenty「たくさん」は、

plenty of 〜「たくさんの〜」の形でよく使われます (a lot of 〜 ≒ lots of 〜 ≒ plenty of 〜)。"plenty + ful" で、形容詞 plentiful「豊富な・多くの」となります。
(D) devoted「専念した・献身的な」
動詞 devote には vote「誓う」があります。「捧げると誓う」→「捧げる」で、過去分詞形（形容詞）が devoted「捧げられた」→「専念した・献身的な」です。

□ **despite** 〜にもかかわらず／□ **downturn** 低迷・下降　※「下に (down) 向かう (turn)」→「低迷・下降」です。／□ **housing market** 住宅市場／
□ **remain** 〜のままである／□ **property** 不動産

住宅市場は低迷しているにもかかわらず、Parrish さんは自分の不動産がすぐに売れるだろうと楽観したままです。

正解　A

問題

Ms. Healey gave her assistant a list of tasks she must ------- by Friday.

(A) take place
(B) count down
(C) carry out
(D) give up

ここで
解く！　Ms. Healey gave her assistant a list of tasks she
must ------- by Friday.

核心 98　carry out は「会議室の外に運ぶ」イメージ

全体は give 人 物「人に物を与える」の形で、人に her assistant、物に a list of tasks (which/that) she must ------- by Friday「彼女が金曜までに ------- しないといけない仕事のリスト」がきています。

この文意に合うのは、(C) carry out「実行する」です。a list of tasks (which/that) she must carry out by Friday「彼女が金曜日までにやらなければならない仕事のリスト」となります。

carry out は「会議室の外に（out）運ぶ・持っていく（carry）」→「実行する」というイメージで覚えるといいでしょう。

carry out 以外にも、"V + out" の形をとる熟語はたくさんあります。以下で特に重要な混同しやすいものをまとめておきます。

□ make out「理解する・作成する」 ※「型を作って (make) その形を外に出す (out)」→「何の形をしているのか、ハッキリとわかる」

□ figure out「理解する」 ※ figure は本来「ハッキリした人影」で、「(何の形か) ハッキリとわかる」→「理解する」

□ carry out「実行する」

□ lay out「設計する、並べる」
　※「インテリアをレイアウトする」とは、「インテリアを並べる」ことです

□ drop out「やめる」 ※日本語でも「ドロップアウトする」と言いますね

□ stand out「目立つ」
　※「グループの中で 1 人だけ頭ひとつ外に抜けている」イメージ

□ turn out (to be) ~「～だとわかる」

選択肢 Check

(A) take place「行われる・開催される」
イベントのために「場所を (place) とる (take)」→「開催される」と考えれば OK です。take place ≒ be held「開催される」をセットで押さえておきましょう。

(B) count down「カウントダウンする」
日本語でそのまま使われているので、問題ありませんね。

(C) carry out「実行する」

(D) give up「あきらめる」
give up -ing「～するのをあきらめる」のように、後ろに動名詞 (-ing) がくる点が大事です。

□ give 人 物 人に物を与える／□ assistant 助手・秘書／□ list リスト・一覧／□ task 仕事・作業

Healey さんは助手に、金曜までにやってもらわないといけない仕事のリストを渡しました。

正解 **C**

問題

Ms. Erwin's interview of renowned actor Bryan Hawthorne will ------- air on KFY Radio.

(A) late
(B) well
(C) ever
(D) soon

ここで
解く！　Ms. Erwin's interview of renowned actor Bryan Hawthorne will ------- air on KFY Radio.

核心 99　will soon *do*「まもなく～する」

Ms. Erwin's interview of renowned actor Bryan Hawthorne「Erwin さんによる、有名な俳優の Bryan Hawthorne 氏へのインタビュー」が S、will ------ air が V です。空所直後の air は動詞「放送される」で、空所にはこれを修飾する副詞が入ると考えます。

「インタビューは ------- ラジオで放送される」という文意に合うのは、(D) soon です。「未来」を表す will と soon「まもなく」は相性が良く、will soon *do*「まもなく～する」の形はよく使われます。～ will soon air on KFY Radio「～はまもなく KFY Radio で放送される」です。

隠れポイント 99　air は「上を漂う空気」のイメージ

air は単に「空気」でもいいのですが、「**上を漂う空気**」という**イメージ**で押さえておくと、難しい意味も理解しやすくなります。

【多義語 air　核心：上を漂う空気】
① 空気　　　　　② 様子・態度
③ 航空　　　　　④ 放送する・放送される

「人の周りに漂っている空気」→「様子・態度」、「上の空気中を飛ぶ」→「航空」となりました。

さらに、今回は「**上空の空気を利用して電波を飛ばす**」→「**放送する・放送される**」という意味の動詞として使われています。動詞ではありませんが、on (the) air「放送中」という表現もあり、これは日本語で「オンエア」とそのまま使われていますね。

選択肢 Check

(A) late「遅く」
sooner or later「遅かれ早かれ・いつかは」や、no later than ~「~より（than）遅くなる（later）ことはない（no）」→「遅くとも~までに」という表現が大切です。
(B) well「よく・上手に」
副詞「よく・上手に」は簡単ですが、形容詞で「健康な」の意味もあり

ます。
(C) ever「今までに」
ever は at any time という感覚で捉えてください。疑問文で Have you ever p.p.?「今までに~したことがありますか？」とよく使われます。
(D) soon「まもなく・すぐに」

□ **interview**　インタビュー／□ **renowned**　有名な・名高い　※「名前(nown = name) を与えられるほど有名な・名高い」ということです。後ろに「理由」を表す for をとって、be renowned for ~「~で有名だ」の形でよく使われます（≒ be famous for ~ / be noted for ~）／□ **air**　放送される

Erwin さんによる、有名な俳優の Bryan Hawthorne 氏へのインタビューはまもなく KFY Radio で放送されます。

正解　D

問題

The travel guide had to change the itinerary because the road to the famous waterfall was -------.

(A) indisputable
(B) unintentional
(C) irreversible
(D) inaccessible

ここで
解く！
> The travel guide had to change the itinerary **because the road** to the famous waterfall **was -------**.

🎯 核心 100　accessible の反対が inaccessible

文全体は SV because sv.「sv なので SV だ」の形で、because 以下は「旅程を変更しなければならなかった理由」がきます。the road to the famous waterfall「有名な滝への道」が s、was が v で、空所に c が入ると考えます。

「有名な滝への道が<u>使えない</u>」という意味を考え、(D) inaccessible「近づきにくい・行けない」を選べば OK です。"-able・-ible" は「可能（～できる）・受動（～される）」を表し、accessible は「<u>アクセスされることができる</u>」→「接近しやすい・利用可能な」となります。この反対が <u>in</u>accessible「近づきにくい・利用できない」です。

隠れポイント100 まぎらわしい形容詞を整理

以下のようなまぎらわしい形容詞も "-able・-ible" が「受動」という事実に注目し、さらに「**それ以外の語尾は能動**」と考えればOK です。

	能動「〜するような」	受動「〜されるような」
forget 「忘れる」	forgetful 「忘れっぽい」	forgettable「忘れられるような」 →「印象に残らない」
respect 「尊敬する」	respectful 「敬意を示す」	respectable「尊敬されるような」 →「立派な・ちゃんとした」
envy 「嫉妬する」	envious 「嫉妬している」	enviable「嫉妬されるような」 →「すごく良い」
regret 「後悔する」	regretful 「残念に思っている」	regrettable「後悔されるような」 →「残念な・悲しむべき」

選択肢 Check

(A) indisputable「議論の余地がない・明白な」

dispute「反論する・議論する」に可能・受動を表す "-able" がついた単語が、disputable「議論されることができる」→「議論の余地がある」です。この反対がindisputable です。

(B) unintentional「意図的でない・故意でない」

intentional「意図的な・故意の」は、バスケの「インテンショナルファウル」=「わざとする反則」で使われています。

(C) irreversible「逆にできない・裏返しできない・撤回できない」

reversible は「逆にできる・裏返しても使える」で、日本語でも裏返して着ることができる衣服を「リバーシブル」と言いますね。その反対が irreversible です。

(D) inaccessible「近づきにくい」

□ **itinerary** 旅程 ※「移動手段のスケジュール」や「旅行中の予定（いつ何を見物するか?）」のことです。／□ **waterfall** 滝 ※「水 (water) が落ちる (fall)」→「滝」です。Part 1 では水辺関係の写真がよく出て、そこで使われることもあります。

有名な滝への道が使えなかったため、旅行ガイドは旅程を変更しなければなりませんでした。

正解 D

255

問題

It is ------- that employees have a clear
understanding of each personnel policy.

(A) genuine
(B) adjacent
(C) abrupt
(D) critical

> ここで
> 解く！
>
> It is ------- that employees have a clear
> understanding of each personnel policy.

◎核心 101　critical は「重要な」の意味をチェック！

It is 形容詞 that ～「～することは形容詞だ」の形です（It は仮 S、
that ～ が真 S）。この形をとれるのは (D) critical「重要な」で、It is
critical that ～「～することは重要だ」となります。

critical は「批判的な」とだけ覚えている人も多いのですが、実際に
は「重要な」という意味でもよく使われます。日本語でも、格闘技・
ゲームで「クリティカルヒット」＝「決定的な・重要な一撃」と言
いますね。「重要な・重大な」→「（重大なほど）判断に優れた」→「批
評の・批判家の」→「批判的な」と考えてはいかがでしょうか。

---

critical と同じように、一般的な訳語の他に「重要な」の意味でよく使われる単語があります。たとえば、essential は「本質的な」、crucial は「決定的な」、vital は「致命的な」と覚えがちですが、実際にはまず「重要な」という意味を考えることが大切です。

そして「重要だ」と言っていれば、大事な内容（つまり設問で問われやすい内容）になるわけです。

【「重要な」という意味の形容詞】
☐ crucial　　☐ essential　　☐ significant　☐ principal
☐ fundamental　☐ indispensable　☐ critical　　☐ vital
☐ primary　　☐ priceless　　☐ invaluable

【「重要な」という意味の動詞】
matter：核心イメージ「中身が詰まった」（41 ページ）
　　　　名詞「もの・こと」　　動詞「重要だ」
count：核心イメージ「数に入れる」
　　　　動詞「数える・重要だ」

選択肢 Check

(A) genuine「本物の」
fake「偽物の」の対義語で、海外旅行でも Is that a genuine Van Gogh?「あれは本物のゴッホの絵ですか？」のように使えます。
(B) adjacent「隣り合った」
※ 119 ページ

(C) abrupt「突然の」
"rupt" は「壊す」で（bankrupt は「銀行 (bank) が壊れた (rupt)」→「破産した」）、abrupt は「不意に集中を壊す」イメージです。
(D) critical「重要な」

☐ **have a clear understanding of ~**　～を明確に理解している／
☐ **personnel policy**　人事政策　※ personnel は「個人 (person) それぞれみんな」→「職員」です。

従業員が 1 つひとつの人事政策を明確に理解していることが大事です。

正解　D

問題

Angela Cromwell's primary role is to help new staff with any issues they may ------- during their first weeks on the job.

(A) encounter
(B) search
(C) separate
(D) inquire

ここで
解く！

Angela Cromwell's **primary role is to help new staff with any issues they may ------- during their first weeks on the job.**

核心 102　encounter issues 「問題に直面する」

Angela Cromwell's primary role「Angela Cromwell の主な役割」が S、is が V、to ～ が C です。to 以下は help 人 with 物 「人の物を手伝う」の形です。そして物 に any issues (that) they may ------- during ～「彼らが～の間に ------- かもしれない問題」がきています（they は new staff を指している）。

「新入社員が問題にどうする？」と考え、(A) encounter「出会う・直面する」を選べば OK です。any issues (that) they may encounter during ～「彼らが～の間に直面するかもしれないどんな問題も」となります。

ネットで「エンカ（エンカウント）する」＝「チャットやオンライ

258

ンゲーム上でたまたま<u>出会う</u>」と使われていますが、これは encounter のことです。「人に出会う」以外に、今回のように「問題に出くわす・直面する」にも使えます。

 help の語法

今回は help 人 with 物「人 の 物 を手伝う」の形が使われましたが、help の語法はとても重要です。Part 5 の文法問題でもよく問われます。

---

(1) 直後に 人 がくる
　① help 人 (to) *do*「人 が〜するのを手伝う」　※ to は省略可
　② help 人 with 物「人 の 物 を手伝う」
　（×）help my homework　（◎）help me with my homework

(2) 直後に to *do* がくる
　help (to) *do*「〜するのに役立つ」　※ to は省略可

選択肢 Check

(A) encounter「直面する」
(B) search「検索する」
「サーチエンジン」とは、インターネットなどで「情報を検索する機能」のことです。search 場所「場所 を探す」、search for 物「物 を探す」、search 場所 for 物「物 を求めて 場所 を探す」の形が重要です。

(C) separate「分ける」
陸上の短距離コースで、「各レーンが1つひとつ離れた（区切られた）コース」を「セパレートコース」と言います。
(D) inquire「尋ねる」
本来「中を（in）捜し求める（quire）」で、ask を堅くしたようなイメージです。

□ **primary**　主な・第一の／□ **role**　役割／□ **help** 人 with 物　人 の 物 を手伝う／□ **staff**　従業員・スタッフ／□ **issue**　問題

Angela Cromwell の主な役割は、新入社員が仕事の最初の数週で問題に直面したときに手を貸すことです。 正解　A

⊙ Index 索引

選択肢、解説、語注で取り上げた単語と表現を掲載しています。

関 正生（せき まさお）

1975年7月3日東京生まれ。慶應義塾大学文学部（英米文学専攻）卒業。TOEIC®L&Rテスト990点満点取得。2006年以降のTOEIC公開テストをほぼ毎回受験し、990点満点を取り続けている。
リクルート運営のオンライン予備校『スタディサプリ』で、全国の小中高生・大学受験生対象に、毎年140万人以上に授業を、また、『スタディサプリ English』のTOEICテスト対策講座では、300本以上のTOEICテスト対策の動画講義を行っている。著書に『世界一わかりやすいTOEICテストの英単語』（KADOKAWA）、『極めろ！リーディング解答力TOEIC® L&R TEST PART 7』（スリーエーネットワーク）、『サバイバル英文法』（NHK出版新書）など120冊超、累計240万部突破。英語雑誌『CNN ENGLISH EXPRESS』（朝日出版社）でコラムを連載中。

関 正生の
TOEIC® L&R テスト
語彙問題 神速100問

2022年 2 月 5 日　初版発行

著者	関正生
	©Masao Seki, 2022
発行者	伊藤秀樹
発行所	株式会社ジャパンタイムズ出版
	〒102-0082 東京都千代田区一番町 2-2
	一番町第二 TG ビル 2F
	電話　050-3646-9500（出版営業部）
	ウェブサイト　https://jtpublishing.co.jp/
印刷所	中央精版印刷株式会社

・本書の内容に関するお問い合わせは、上記ウェブサイトまたは郵便でお受けいたします。
・万一、乱丁落丁のある場合は、送料当社負担でお取りかえいたします。
　ジャパンタイムズ出版・出版営業部あてにお送りください。

定価はカバーに表示してあります。
Printed in Japan　　ISBN978-4-7890-1808-1

本書のご感想をお寄せください。
https://jtpublishing.co.jp/contact/comment/